FORM
FOLLOWS
LIBIDO

形態は欲望に従う
精神分析時代とリチャード・ノイトラ

シルヴィア・レイヴィン 著
金出ミチル 訳

FORM
FOLLOWS
LIBIDO　Architecture and Richard Neutra
　　　　　in a Psychoanalytic Culture

鹿島出版会

FORM FOLLOWS LIBIDO: Architecture and Richard Neutra in a Psychoanalytic Culture by Sylvia Lavin

Copyright ©2004 by Massachusetts Institute of Technology

Published in Japan by Kajima Institute Publishing Co., Ltd., 2010.

Japanese translation published by arrangement with The MIT Press through The English Agency (Japan) Ltd.

For Sophia and Jasper

ソフィアとジャスパーに捧ぐ

目　次

Acknowledgments　謝辞　　008

第 1 章　HISTORY BY CHOICE　選択による歴史　　012

第 2 章　REAPPROPRIATING NEUTRA　ノイトラの配役変更　　026
　　　　Exemplar and Epigone　本物か、偽物か
　　　　The Space of Resistance　抵抗する空間

第 3 章　THE EMPATHIC HOUSE　感情移入できる家　　048
　　　　The Culture of Psychoanalysis　精神分析時代
　　　　In and Out Feeling　内でもなく外でもなく
　　　　Romance Is in the Air　漂うロマンス

第 4 章　BIRTH TRAUMA　出生時のトラウマ　　080
　　　　The Therapeutic Situation　まるで精神療法
　　　　Transparency and Transference　透明性と感情転移

第 5 章　THE THERAPEUTICS OF PLEASURE　喜びの治療法　112

    Hot House　温床
    The Orgone Box　オルゴン集積器
    Window Treatment　窓の治療効果（あるいは窓装飾）

第 6 章　FROM HOUSE TO HABITAT　家から住居へ　144

    The Taste Test　味覚テスト
    Moods and Manifolds　ムードと多様体
    Cornered　隅に追いつめられて

第 7 章　POLLUTION AND POSSIBILITY　公害と可能性　180

    Environmentalisms　環境主義
    Drive-through Window　ドライブスルー窓口
    Imageability and Environment Design　イメージアビリティと環境デザイン

第 8 章　THE SURVIVAL OF DESIGN　生き延びるデザイン　216

    訳者あとがき　227
    Figure Credits　図版出典　228
    Index　索引　229

ACKNOWLEDGMENTS

謝辞

本書には第4章として収められているが実際は最初に書いた「出生時のトラウマ」を完成させようとしていた時に第一子を出産し、この子供がいまやノイトラが設計した小学校に通っているとは、とても信じられない。ときに葉巻は、ただの葉巻に過ぎない[1]。しかしときに葉巻は、1冊の本とふたりの子供となる。本書の構想期間は異常に長かった。というのは、他にもソフィアとジャスパーの世話に手がかかっていたからだ。本の発刊は遅すぎた感もあるが、赤ん坊はふたりともぴったり予定日に生まれてきたことが、せめてもの慰めである。以来彼らは完璧なタイミングで、我が家を元気いっぱいの「今すぐに」の要求で満たし続けている。もうマミーは帰る時間だと言って私の書斎に呼びに来るのに、決して遅れることはない。今すぐに、と。

　この本をかたちにすることができたのは、多くの方々や機関のおかげである。この研究の各段階では、カリフォルニア大学ロサンゼルス校評議員会（UCLA Academic Senate）及びカリフォルニア大学アーバイン校人文学研究所（Humanities Research Institute at UC Irvine）の支援を得た。アン・フリードバーグとサリー・スタインが開催した、視覚文化をテーマとする研究ワーキンググループはものすごく刺激的であった。建築史家協会（Society of Architectural Historians）からはヴィンセ

---

[1] Sometimes a cigar is just a cigar：様々なものに潜在的な意味合いを見出す、葉巻のヘビースモーカーだった精神分析学者フロイトが言ったとされる語句

ント・スカーリー賞の授与というかたちで、この研究に対して惜しみない支持を得た。カリフォルニア大学ロサンゼルス校の研究図書館特別コレクションの職員たちは十分に時間を割いてくれ、また私の問い合わせにも辛抱強くつきあってくれ、非常に助けられた。トム・ハインズは、同僚と友人以上の存在となった。彼は研究上だけでなく実務面においても、限りなく支援してくれた。情報を提供してくれ、また個人的に収集したノイトラ関係の史料や写真を利用する便宜を図ってくれた寛大さには、絶えず恩義を感じている。研究室の（今となってはかつての）大学院生たちにも、アーカイブと図書館での調査に際して根気強く助けてもらい、アンドレア・フレドリックセン、ドラ・エプスタイン及びアレクサンドラ・ロウがいなければ、この本は書けなかった。長年にわたり学生たち全員から実に多くを学んできたのであるが、この経験が本書で最大に活かされていることを願う。いくつかの章は初期の段階で、「グレイ・ルーム」（*Grey Room*、01号、2000年秋）、「アセンブリッジ」（*Assemblage*、40号、1999年12月）、「カサベラ」（*Casabella*、1998年12月）の諸誌及び『自律性とイデオロギー　アメリカにおけるアヴァンギャルドの位置づけ（*Autonomy and Ideology: Positioning an Avant-Garde in America*)』（R. E. Somol編、New York: Monacelli Press, 1997）に掲載された。それぞれの編集者たちに感謝する。本書の中には当初講演として発表したものもあり、この折に的を射た議論を誘う質問をしてくれた多くの出席者たちにも、お礼を言いたい。イレイン・マーコ、ランディー・マーコウィッツ、レイモンドとダイオン・ノイトラ、ジュリアス・シュルマン、ミム・ユードヴィッチ、ロジャー・コノヴァー、そしてUCLAの同僚たち、さらには2000年から2001年にかけて特別研究員に採用してくれたアメリカ精神分析学会（American Psychoanalytic Association）に感謝を表する。ジェフ・キプニスには、特に感謝したい。運さえ良ければ、一時は敵だった人が大親友にもなり得るという事実も含め、彼には多くを教えられた。

最後に、最も私の感謝の念が尽きない人たちを挙げる。母には、本と赤ん坊は奇妙な仲間になり得ることを私よりはるか昔から知っていたことに対して。また父には、ほとんどすべてのことについて私よりはるか昔から知っていた（けれども決してそのことを白状しなかった）ことに対して。そして私のために、また私が原因となった生みの苦しみのすべてを共に耐えてくれたグレッグに。彼なしには、赤ん坊も本も美も存在し得なかった。

シルヴィア・レイヴィン

凡例

1 本書はSylvia Lavin著、Form Follows Libido: Architecture and Richard Neutra in a Psychoanalytic Culture (The MIT Press, 2004)の全訳である。
2 訳出に当たっては、原著定本の体裁を尊重することに努め、図版も原著に用いられたものを加除なく使用している。
3 原著の注(★)は各章末にまとめ、訳者による注(▶)はページごとに掲載、あるいは原注内に併記した。
4 人名及び固有名詞については、日本語の定訳があればこれを採用し、なければアメリカ英語の発音あるいはアメリカ以外の人名・地名については現地での発音に近い日本語表記にした。
5 索引は原著のアルファベット順を五十音順に組み替え、固有名詞及び特に注記したい項目についてはアルファベットによる綴りを併記した。写真・図版の掲載ページは太字で示した。
6 表紙及び各章題、小見出しの英文表記には、フォントNeutraface（米国House Industries社製）を採用した。

第1章
HISTORY BY CHOICE
選択による歴史

作家は実際、
私が書かせたことを
すべて書かなければならなかった。

　　ジル・ドゥルーズ
　　『ミシェル・クレソールへの手紙』

リチャード・ノイトラは、環境デザインの先駆者である。この論考をこのように始めるのは、奇妙に思えるかもしれない。というのも建築側からすれば環境デザインは、一般的にひどく不快なものであったからだ。擬似科学や俗悪な形態や道徳主義が融合した忌まわしいものとしてしか、みなされてこなかったのである。1960年代に出現し始めた数多くの環境デザインプログラムの学術面及び教育面における目標は、たいがいこのように特徴づけられるのだが、環境とそのデザインという概念により、建築は全く異なる一連の問題に晒されるようになり、そして今も晒され続けている。環境デザインと呼ばれるようになったものはそもそも、1950年代に、いやもっと早くから、モダニズムが基本とする最大の関心事と主張、すなわち建築の理想はユニバーサル・スペースをかたちづくることであるという考えの、根底からの見直しであった。1950年代までに、一部の建築家やデザイナーにとってはこの抽象的な空所が、かえって感情を含む環境となっていたのだった。ノイトラはこのような充満した閉鎖空間を生み出すことにおいては主導的立場にあったので、この意味からも彼を環境デザインの祖として非難するよりはむしろ評価することによって得るところが多い。
　モダニズムがモノリシックであるという考えはずいぶん前にすたれ

てしまい、今や内部分裂を起こしたことになっている。むしろ、モダニズムは自己批判的でもあったと広く理解されるようになり、遅くとも1940年代までには、モダニズム自体がその方向性を仕切り直す一連の動きを開始していたのだ。中でも良く知られているのが、公共建築に求められるようになった記念性の新たなかたちであり、ケーススタディハウスのようなプロジェクトにおける新たな家庭生活の姿と呼べるものであろう[★1]。これらのいずれもが、モダニズムを真っ向から拒絶したわけではなかったのだが、例えば第二次世界大戦のような新たな進展、あるいはデザインに対して消費文化のもたらした衝撃のような、今まで矮小化されてきた状況のいずれかに直面したときには、さらに敏捷に対応しようと試みはした。モダニズムの内発的な再考の共通点は、純粋な空間として捉えられていたものが実際には、多様な力によって妨害、無理強い、汚染、攪乱、扇動、そして修正されていたという感覚であった。いったんこのように相互作用的かつ動的な体制の一部として考えられるようになった空間は、環境へと変化を遂げたのだった。

　本研究では、特に感情に左右される感性の空間への浸透及び何よりもムードの感覚に特徴づけられる、相関性のある環境設計に焦点を当てる[★2]。この感情に満ちた環境下にある建築は、過去の感傷、すなわち興奮をもたらしたり、あるイメージを連想させたりする建築への回帰ではない[★3]。後述するように、このような流儀にもちろん関連するが、感情環境はさらに無意識の概念に、そしてまたデザインの効力は無意識に働きかけることができるからこそ、意識下のムードを誘発し得るという考えに依拠していた。感情ある環境の発展はすなわち革新であると同時に知的な成果であり、このためには精神分析そのものだけでなく、精神分析をより広い意味で心理学の影響を受けた文化へと普及させることとも折り合いをつけなければならなかった。第二次世界大戦後になるまで、ムードある建築が存在しなかったと言っている

わけではない。しかし、ムードを効果的にもたらすデザインは、無意識と環境との関係が理解されるようになるまで計画的な建築手法とはなり得ず、また実際ならなかったことを言いたいのである。

　最近のリチャード・ノイトラ作品への急激な注目の高まりは、本研究で取り上げた数々のプロジェクトの環境に関連する本質及びムードをもたらす本質こそが強力な後押しとなって引き起こされた。この特性は、「現代（contemporary）」と呼ばれるデザインの部類が20世紀中葉に発生したことにも関係する[★4]。近代性とは一線を画す現代性の概念は、1930年代まで遡ることができるが、近代性の現代性による置き換えは、もっと後になって知的な出来事として発生し、曲がりなりにも1954年までには終了していた[★5]。この年に、ジークフリード・ギーディオンは1951年に発刊された『新建築の十年（*A Decade of New Architecture*）』の表題を『現代建築の十年（*A Decade of Contemporary Architecture*）』と改め第二版として出版し、彼はここで「この運動全体の強化」を説明した。この本を通して、ギーディオンが1947年に始まったと主張する現象の呼び名が決まるまでの独特な確執を明らかにする。この名称は、「新しい（new）」、「最近の（recent）」、「近代（modern）」などの間を行き来し定まらず、1954年には不安げにとまどいながらも「現代（contemporary）」に落ち着いた[★6]。同じ年に「アーキテクチュラル・レコード」誌の編集者たちは、『現代住宅総覧（*A Treasury of Contemporary Houses*）』をまとめ上げた[★7]。取り上げた住宅はすべて近代的と説明されたが、編集者らはこれらの住宅は近代主義の空論的な定義に抗い、これを超越しているとも主張した。すなわち「なぜモダン住宅の屋根は平らでなければならないのか？　壁もガラスで？　台所はオープンキッチンで？　なぜ構造を顕わにしなければならないのか？　所有者が本当に欲しいと思っている曲線のひとつやふたつ、それがヴィクトリア調風の曲線であろうと、どうしてあってはならないのだろうか？」[★8]

「アーキテクチュラル・レコード」誌の編集者たちからすれば、これらの家々の現代性はまさにこの過剰な欲望にあった。現代性を定義づけようと格闘する中で、構造、アーバニズムあるいは社会改革のような近代の分類を拡張せざるを得なかったギーディオンとは異なり、同誌の編集者たちは、「現代」のことさら超近代的な特徴をこのように断言したのだった。つまり、これらモダン住宅を現代的たらしめるのは、単に「最新のスタイル」を身にまとっているからであって、それ以上の理由は何もない（同時にこれなくしても、現代的にはなり得ない）。戦前から建築に求められてきた「強」と「用」に代わって、近代運動がないがしろにしてきたウィトルウィウスが唱えた建築の3要素のひとつである「美」に彼らは飛びつき、「美こそが今日の流行である」と主張した[9]。近代建築が現代的になったとき、工業生産、工学の毅然さ及び純化の理念から鞍替えし、インテリアデザイン・装飾・ファッションそしてデザインされた消費文化の新たな退廃との繋がりを強化した[10]。現代デザインが何よりも注目したのは美、すなわち喜びをもたらすデザインであり、情緒的な舞台演出であり、まさに私がここで環境と呼ぶこととするものである。

　今となっては、これらミッドセンチュリーの環境の奇妙な特徴に気づく。まるで最新のものであるかのように感じるのだ［図1］。このような「古いけれど再び新しくなった」好例は、ノイトラのカウフマン邸である[11]。現に、ミッドセンチュリー・デザイン再生の歴史は、1990年代に極めて緻密に行われたカウフマン邸の改修から始まると言っても良いだろう。改修がメディアで広く取り上げられたおかげで、結局ミッドセンチュリー住宅の改修が家内工業的に行われるようになったのだが、カウフマン邸は歴史にもほぼ忠実で、明らかに余分な解釈を付加するような変更もされず、再び命を得たように見えた[12]。一方、この住宅を取り上げた出版物では同時に修復——すなわちこの住宅の古さ——と同様にこの住宅の新しさにも焦点を当てており、矛盾して

図1　「砂漠の傑作モダニスト建築の再生」、「アーキテクチュラル・レコード」誌、1999年9月号、リチャード・ノイトラ作、カウフマン邸の改修

いる。カウフマン邸は、設計された当時と同じ新鮮さで提示されているのだ。いや、むしろそれ以上に新鮮であるかもしれない。しかし今日いくら重要視されていようとも、歴史ある骨董品として仕立て上げられている他のモダニズムの不朽の名作あるいは他のノイトラ作品でさえ、こうはいかない。言い換えれば、現在のミッドセンチュリー・デザインへの関心はリヴァイヴァルとして捉えられているのではないし、今日あえてノイトラの家に住むことが一般的に懐古趣味であるとも思われていない。むしろ一般には革新的であると、捉えられている。さらに端的に言えば、これは現代的な選択とみなされるのである。

　歴史主義という古めかしさへのこの何とも驚くべき抵抗から私が導いたのは、現在のミッドセンチュリーへの関心——私のノイトラへの関心もこの一例である——が歴史的観点だけに基づくものでは決してないということである。より純粋または厳密なモダニズム、より技巧

的または包括的な歴史物語、あるいは歴史研究上他の模範的な目標を見出すことは、今や過去に着目する大義名分として不十分である。この歴史を見る視点の転換は、レイナー・バンハムが1950年代にデザイン自体に起こったと主張したことに並行している。バンハムは、インテリアのほとんどが工業デザイナーや他の者に乗っ取られたため、もはや全面的にデザインに責任を持つことができないと言い放ったミッドセンチュリーの建築家たちが直面した新しい領域について述べた。1920年代と1930年代のル・コルビュジエやフランク・ロイド・ライトやリチャード・ノイトラは、トータルデザインを夢に描き──すべてを支配できるよう、造り付けの家具などの技術を開発したのに対して──ミッドセンチュリーの建築家たちには、この課題に共に取り組み、頼りにできるフローレンス・クノールやハーマン・ミラーやイームズ夫妻がついていた。ほとんどの建築家がこの状況を恐れたのだが、反対にバンハムはこの発展は建築の分野を決して制約するものではないと主張した。むしろ彼は、この事態をゲームのルールを変えるようなこととして捉えた。つまり建築家はもはや最上の創造主ではなく、最上のスタイリストとなって室内装飾を今まで以上に厳しい目で選び出さなければならない立場に置かれていた。バンハムは、このミッドセンチュリー建築の新たな現実を「選択によるデザイン（design by choice）」と定義した[★13]。

　バンハムが特徴づけをした、1950年代に浮上するこのデザイン手法を拡大解釈すれば、今日のミッドセンチュリー・デザイン信奉者である女性デザイナーが過去から選択した品々を並べ立てて、自分のデザインの腕を見定めるのに用いる手法にも当てはまる。バンハムは、建築家についてしたのと同様に、歴史家の役割については「歴史上の登場人物全員を演じようとするのではなく、演劇プロデューサーとなる」のだと論じた[★14]。これこそが、私の考える「選択による歴史」（history by choice）である。この発想に従い、私はこの研究をあえて

ノイトラの包括的な研究――実際、トーマス・H・ハインズが既に決定的で包括的な作品を完成させている――あるいはミッドセンチュリーのノイトラに限ってさえも、このような研究を目指しているとは言わない[★15]。本研究はまた、今までのノイトラの捉え方が不完全であると主張し、より正確な描写を求める（これが必要であるとの要望に応える）ものでもない。たぶん最も大切なのは、本研究を通してノイトラ本人――あるいは彼の遺族たち――の身に覚えがあり、立証できるような描写をしなければならないと感じていないことである。私の試みはもともと学術的であるがゆえ、これに伴う責任や厳密さに関する基準は遵守しているが、同時に同じぐらい推論をも含む[★16]。私は、ある特定のノイトラが建築史に及ぼし得る影響について、探究しようと試みた。このノイトラとは、環境デザインを生き抜いたノイトラでもあり、「選択による歴史」として私が選り好んでまとめあげたノイトラでもある。

　私が言うところの選択による歴史が、選択によるデザインの歴史的発展との関係によって正当化されるのであれば、両現象の結果は同じになるはずである。実際予想通り、両者は現代という分類を生み出す。それも、今日というデザイン上の時間枠ではなく、デザインそのものへのまたデザイン効果の持続性への取り組みという分類である。1950年代の現代建築は、バンハムの言う選択によるデザインからなる消費者製品を――併せて消費者をも――包含する環境デザインの建築であった。例えばバンハムは、テレビの到来が空間上、機能上どのような影響を及ぼすかを建築家たちが理解できるよう、建築家たちの視線をテレビセット自体のデザインから逸らし、電気コンセントの位置に仕向けることで手助けした [図2] [★17]。バンハムの詰まるところの主張は、現代建築とは他者がデザインしたモノを、これらなしでは近代の伝統的室内空間に過ぎない場所に導入しただけであるということであった。しかし実際は、それだけにはとどまらなかった。現代建築は、バンハ

図2　リチャード・ノイトラ、グッドマン邸、サン・ベルナーディオ、1952年

ムの言うモノと消費者を、機能面からではなく感情の伴う舞台演出として取り込むことで、環境デザインになった。コンセントの配置は、家の特徴にテレビがもたらし得る、ことさら感情的な効果の多様性を理解するための、第一歩に過ぎなかった。本研究では、クールで無色のモダニズム空間に浸透するようになった感情の力の領域を探究しようと努める。選択による歴史という見方は、モダニズムに現代性の見せ場をもたらすうえで、定型化されたテレビの配置や戦後のノイトラの家における温室のような隅部の窓の配置が果たした役割を理解する、ひとつの手だてとなるのである。

第1章 注

★1 例えば、José Luis Sert, Sigfried Giedion, and Fernand Léger, "Nine Points on Monumentality," Joan Ockman, ed., *Architecture Culture 1943-1968*(New York: Columbia University and Rizzoli, 1993), 27-50所収を参照。(訳注：同文は「記念性の九原則」として、ジークフリート・ギーディオン著、生田勉・樋口清訳『現代建築の発展』みすず書房、1961に所収)ケーススタディハウスについては、Elizabeth A. T. Smith, *Blueprints for Modern Living: History and Legacy of the Case Study Houses*［展覧会図録］(Los Angeles: Museum of Contemporary Art; Cambridge: MIT Press, 1989)を参照。

★2 建築のムードについて初めて定義が熟考されたのは、Jeffrey Kipnis, "On Those Who Step into the Same River...," Kipnis, ed., *Mood River*［展覧会図録］(Columbus: Wexner Center for the Arts, 2002), 34-46所収及びRobert Somol and Sarah Whiting, "Notes around the Doppler Effect and Other Moods of Modernism," *Perspecta* 55 (2002), 71-77においてである。

★3 18世紀イギリス及びフランスの絵画、建築とランドスケープのピクチュアレスク理論は、私の研究テーマの重要な既往研究である。当時庭は、ムードや雰囲気を醸し出す潜在力のある場所とみなされ、啓蒙主義の理論家たちはこれらの文化的環境を、今日だったらメランコリーや喜びと呼ぶような感情状態の観点から列挙した。これを扱う文献の数は膨大であるが、ジョン・ディクソン・ハント(John Dixon Hunt)による3作品は、出発点として重要である。*The Figure in the Landscape: Poetry, Painting and Gardening during the Eighteenth Century*(Baltimore: Johns Hopkins University Press, 1976)、*The Genius of the Place: The English Landscape Garden, 1620-1820*(Cambridge: MIT Press, 1988)、及び*Gardens and the Picturesque*(Cambridge: MIT Press, 1992)。さらに私の"Sacrifice and the Garden: Watelet's *Essai sur les jardins* and the Space of the Picturesque," *Assemblage* 28 (December 1995), 16-33を参照。

★4 私がこの点に最初に言及したのが、"The Temporary Contemporary," *Perspecta* 34 (2003), 128-137においてである。

★5 「近代的(modern)」及び「現代的(contemporary)」という用語の適用については、さらに詳細な分析が待たれる。例えば1930年代後期にメイナード・リンドン(Maynard Lyndon)はシカゴに「現代の背景(Contemporary Backgrounds)」という名の店を開いたのだが、ここで扱っていたのは一般的にモダンデザインと呼ばれるものであった。この名称についての議論は、Donlyn Lyndon, "Forming Contemporary Backgrounds: The Architecture of Maynard Lyndon FAIA," *Arca*, 03.1, 32-39を参照。

★6 ギーディオンの*A Decade of Contemporary Architecture*(New York: Wittenborn, 1954)には、ふたつの内表紙があり、両方とも3ヵ国語で表記されている。フランス語とドイツ語の表題はそれぞれ"Dix ans d'Architecture Contemporaine"と"Ein Jahrzehnt moderner Architektur"と一貫している。これに対して英語の表題として、最初の内表紙には小さな文字で『新しい建築の10年(A Decade of New Architecture)』とあるのに対し、

ふたつ目の内表紙では、前より大きい文字で『現代建築の10年 (A Decade of Contemporary Architecture)』となっている。第二版には、1947年から1954年の間を対象とする補遺が掲載され、ギーディオンはこの版の序文でこれを「建築運動全体のさらなる地固め」の「補足情報」と説明している。

★7　*A Treasury of Contemporary Houses Selected by the Editors of Architectural Record* (New York: F. W. Dodge, 1954)。

★8　Emerson Goble, *A Treasury of Contemporary Houses*, vの序文。

★9　同上。

★10　今日でさえ、戦後の現代デザインはたいがい、「表現力の高まり、色と形の多様性、並びに厳しさというよりは喜びのムード」に関連づけられている。Lesley Jackson, "*Contemporary*": *Architecture and Interiors of the 1950s* (London: Phaidon Press, 1994) を参照。

★11　ロサンゼルスの建築設計事務所マーモル&ラジナー (Marmol and Radziner) によるカウフマン邸の再生について書かれた数多くの批評の例として、Michael Webb, "A Modern Renaissance: Streamlined Classics Appeal to a New Generation of Owners," *Architectural Digest* 58, no.4 (April 2001), 14, 142, 144, 146, 150; Martin Filler, "Desert Star," *House Beautiful* 141, no.10 (October 1999), 14-15, 166; 及び Ziva Freiman, "Back to Neutra," *Progressive Architecture* 76, no.11 (1995), 72-79を挙げる。

★12　再生されたカウフマン邸は、ノイトラ作品への投機の殺到及びノイトラ作品を所有する知識階級の新たな世代の台頭を引き起こすきっかけとなった。ミッドセンチュリーのモダニズム住宅あるいは現代デザインの住宅の所有欲はかなり広まっており、対象はもちろんノイトラの家に限られていない。しかし、カウフマン邸の修復はこの熱狂を刺激し、この現象の中心となったことに変わりはない。

★13　Reyner Banham, "Design by Choice," Banham, *Design by Choice*, ed. Penny Sparke (New York: Rizzoli, 1981), 97-108所収。このエッセーは、*Architectural Review* (July 1961) に初出。(邦訳：レイナー・バンハム著、岸和郎訳『建築とポップ・カルチュア』鹿島出版会、1983、215-247所収「選択によるデザイン」)

★14　同上、100。

★15　Thomas S. Hines, *Richard Neutra and the Search for Modern Architecture* (New York: Oxford University Press, 1982)。今日ノイトラ研究を手がけるのであれば、この巧妙な伝記を見逃してはならない。ハインズは、ノイトラの多岐にわたる作品の基礎資料を確立し、彼の生涯を文化的側面から詳細に追究した。ハインズの著作は、それまでの文献からいくつかの点において際だっているのだが、中でも学術面における視野の広さと目的性に注目すべきである。基礎情報がさらに得られる文献には、Esther McCoy, *Richard Neutra* (New York: Braziller, 1960); Willy Boesiger, ed., *Richard Neutra, Buildings and Projects* (New York: Praeger, 1966) 及びBarbara Mac Lamprecht, *Richard Neutra: The Complete Works* (New York: Taschen, 2000)(邦訳：バーバラ・ランプレヒト、『リチャード・ノイトラ』タッシェン、2007) が、挙げられる。近年のノイトラに関する重要な文献として、Dietrich Neumann, ed., *Richard Neutra's Windshield House* (Cambridge, Harvard

University Graduate School of Design and Harvard University Art Museums; New Haven: Yale University Press, 2001），"Windshield: Richard Neutra's House for the John Nicholas Brown Family"の展覧会図録が挙げられる。

★16 ジル・ドゥルーズは、彼自身の専門領域である歴史学方法論から逃れようとする試みを、怪物の発生に関連づけて説明した。「私自身がある作家の背中に乗っかり、彼に子供を授けることを想像した。この子は彼の子供であり、同時に怪物でもある。重要なのは、作家は私が言わせようとしたことを実際すべて口にしなければならなかったので、この子は彼の子供でなければならない。しかし、偏心、空転、侵入のような様々なことを経験することになるので、子供は怪物でもなければならなかったのだ」。"Lettre à Michel Cressole," Michel Cressole, *Deleuze* (Paris: Editions Universitaires, 1973), 111所収を参照。Gilles Deleuze, *Bergsonism*, Hugh Tomlinson and Barbara Habberjam訳 (New York: Zone Books, 1991), 8の序文に掲載。

★17 彼は、「扉と窓を長方形の空間にどのように配置しても、変なところにテレビを置いてしまえばこの関係は必ず壊されることになる。従って必要なのは、どこにものを置いたら良いのかを指示してくれる、何らかの十分に寛大な建築である」と書いた。Banham, "Design by Choice," 100。

第 2 章
REAPPROPRIATING NEUTRA
ノイトラの配役変更

> いまや彼はひとりの人間ではなく、
> 世論全体と言っても良い。
>
> W. H. オーデン「ジグムント・フロイト追悼」
>
> 邦訳：W.H.オーデン著、岩崎宗治訳
> 『もうひとつの時代』、国文社、1997年所収

本物か、偽物か EXEMPLAR AND EPIGONE

　現代建築は、テレビやフォーマイカ▶1やジョージ・ネルソンの時計でモダニズムを飾り立てただけでなく、ムードそのものを建築にもたらし、いわば露骨にもその感情を振りまいていた。これらの付加物は、近代建築の学術研究でも取り上げられるようになってきてはいるが、決して容易な道程ではなかった。モダニズムを分析する従来の手法では、チカチカ点滅する特殊効果や雰囲気のある領域、あるいはムードや環境の創造というもので溢れかえる近代性の様相をめったに認識することがないがゆえに、これを捉えることができない。本研究では、厳選したノイトラの作品を対象とし、この側面の展開を可能としたモダニズムの範疇に含まれる建物、及びこの副産物として発生し、いまだ発生し続ける近代性の転換の両方を理解することを目的とする。

　ノイトラの評判は、長いことモダニズムの歴史の中心となってきた主題を助長しながら、ノイトラが同様に一役をかったに違いない別の歴史の兆候を裏切るのである。ノイトラは、モダニズムの歴史においては重鎮であると同時に、自身の経歴の陰に追いやられた無名の建築家でもある。彼は、主だった近代建築史では必ず取り上げられてきた。

▶1　Formica：フォーマイカ社製の耐熱性合成樹脂。家具の天板などに広く使われた

ヘンリー=ラッセル・ヒッチコックは、著書『近代建築 ロマン主義と復興（*Modern Architecture: Romanticism and Reintegration*）』を締めくくる象徴として、ノイトラの1927年のスカイスクレーパー作品▶2を選んだし、ジークフリート・ギーディオンは『空間・時間・建築』の初版で、ノイトラについて言及している★1。このような歴史の中でノイトラは、常に20世紀建築の物語の中心に置かれるのだが、配役はいつも助演に過ぎない。すなわち構造が装飾を克服するのを手助けはするが、ミースほど精力的でない。前衛のための社会体制を追求するが、グロピウスほど深入りしない。ニュー・パイオニアの道を突き進むのだが、ル・コルビュジエほどの明解さもない。一部の者にとってノイトラは、冒険好きな英雄としての建築家という幻想を呼び起こす存在となり、実際シンドラー家と共同生活を送っていた時期の相当に複製されてきた写真に見るノイトラは、現実離れした洋装を身にまとい、実際なかなか粋に見える。しかしノイトラを写したこの同じ写真が、他の者には失意をもたらすのだった。というのも、ノイトラはシンドラーと異なり、現実にはありきたりのブルジョア生活を送っていたからである。まことに皮肉なことに、ノイトラはモダニストの美徳の鑑であると同時に、その偽物でもあるのだ。つまりギーディオンによるとノイトラは建築をただの機能という枠組みを超えた精神の表現にまで高めることができるのだが、アッカーマンによると彼は「非常に強い模倣の性癖」をただ実践しているに過ぎないのだった★2。ノイトラについての最初の長編書を記したブルーノ・ゼヴィでさえ、他の者が発明した近代建築をノイトラが極めたおかげでこれが上品で一流のものとなったと結論づけている★3。

圧倒的な名声ゆえにノイトラは近代建築の正史再構築にあたって、特に多くの発展的な話題を提供する。彼ほど、すべてでありながらほとんどとるに足らないという、二面性を持ち合わせた人物は他にいない。その結果、ノイトラの様々な横顔の間に生じる摩擦自体を、近代

▶2 ラッシュ・シティー再開発を指す。詳細は▶4参照

性の特定の形態に仕えるうえで、ノイトラにふさわしい役割を整然と割り当てたことから発生した症状の表れとして考えると都合が良い。事実、ノイトラや彼のような他の者を、重要でありながら結局は小物でしかない役にこうして割り当てることが、今日いう近代性を生み出すうえで重要な役割を果たすのである。例えばミースとル・コルビュジエは、ノイトラより特異性を顕わに20世紀の論考から浮上し、理想的な建築設計基準を確立したと理解されている。しかし、彼らには才能や独自性があるがゆえにこれらの基準から逸脱する権限が与えられ、まさに逸脱を引き起こす。実際、逸脱を可能とする能力こそが、彼らの奇才また旗手としての地位を正当化するのである。従って、小物たちに備わる規則性と予測可能性がかえって、その他の者が進出できる道筋をつけることになる。この「主役」と「小物」との間に発生したダイナミズムがあって、モダニズムは合理性及び芸術性の理想的なイメージを創り上げることが可能となった。ここでの合理性とは、才能が控えめでしかない者でさえ再現可能であるという事実によって証明されたもので、芸術性というのは、真の才能ある者であれば、形式的に工業化されたあるいは標準化されたデザイン手法から脱却できることが明らかだったからである。

　ノイトラのような人物の置かれた小物の立場は、この感覚と感性に支配される秩序が機能するうえで、非常に重要であった。それも計画的な誤解を伴ってでもまもらなければならないほど重要であった。特にノイトラは、全く対立する二重人格者とされるほどに歪められた。最初のノイトラ、すなわち最初のモダニズムは、インターナショナル・スタイルと関連するもので、1929年のノイトラのロヴェル邸を中心に繰り広げられる［図3］。ケネス・フランプトンの『現代建築史』（1980年初版）が出現するまでには、ヘンリー＝ラッセル・ヒッチコックとフィリップ・ジョンソンが企画した歴史に残る展覧会[3]で、彼らは当初ノイトラを取り上げるのを躊躇したにもかかわらず、この家はインタ

▶3 1932年にニューヨーク近代美術館初の建築展として開催された「インターナショナル・スタイル」展に合わせて刊行された著書『インターナショナル・スタイル 1922年以降』によって、この新しい建築様式が広く知られるようになった

図3　リチャード・ノイトラ、ロヴェル邸、ロサンゼルス、工事中、1928年

ーナショナル・スタイルの典型として認められ、アメリカ初の鉄骨造で建てられた家として度重ねて引き合いに出されるようになっていた[★4]。ロヴェル邸のこのような演出により、家庭生活のあらゆる乱雑なやっかいものは、現代建築の骨組の純粋性に打ち消されたのである。その骨格の清潔感を保証するかのごとく、多くの場合建設中の姿で見せられるロヴェル邸は、ノイトラをハイ・モダニズムの形式的特徴である機能性及び施工と実務両方の技術的詳細に結びつける学術研究を触発することとなった。ロヴェル邸、ラッシュ・シティー再開発[▶4]及び早くからスウィーツ・カタログ[▶5]に関心を示したことで知られるノイトラは——ヒッチコックが最終的にはノイトラの実施作品の技術面の稚拙さに失望したにもかかわらず——形態やその効果に関心を持っていることへの注目を逸らすために、得意の技術面を巧みに使いこな

▶4　Rush City Reformed：ノイトラが著書 *Wie baut Amerika?*（1927）で発表した理想郷の都市計画を描いた作品。規格化された部材の採用に焦点を当てている
▶5　Sweet's Catalogue：体裁がばらばらだった建築資材や設備のカタログやパンフレットをまとめてアメリカの企業が編集した総合カタログ。1906年に創刊

図4　リチャード・ノイトラ、カウフマン邸、パーム・スプリングス、1946年

すのであった★5。この見方は、これなくして小物以上の何者にもなれなかった特異性をなくすことで画一化したのだが、今度はモダニズム自体の画一化を立証することとなった。

　ふたつ目のモダニズム作品として1946年のカウフマン邸を取り上げ、これに基づいてアメリカの地方主義について論考を進める［図4］。ここでのノイトラは、インターナショナル・スタイルの典型となるよりはむしろ、アメリカでモダニズムを育み、この国に未開発の底力を見出した地方主義者の草分けである★6。ギーディオンは、「新地方主

義的方法（New Regional Approach）」と呼ぶものの例証にあたって、ノイトラとオスカー・ニーマイヤーを選んだ[7]。レオナルド・ベネヴォロは、ノイトラに充てた章を彼は「1920年代にアメリカへ去ったヨーロッパの巨匠たちの中では例外であった。実際……近代的な方法をアメリカの実際的な生活に初めて現実に導入した」との主張で始めた[8]。しかるべくノイトラは、ライトとの接触から自然を取り込む新たな能力を、ロースからはスウィーツ・カタログの価値を認め、アメリカ実業界での職務管理技術を学ぶ能力を身につけた[9]。何よりもこの地方主義者は局所的な気候に敏感であるだけでなく、顧客と居住者にも異常なほど敏感であった[10]。地方性を尊重するノイトラは、過剰なまでに攻撃的だった近代性の鋭さを和らげたヒューマニストであった。とは言え、さらにこのノイトラという人物は、ヒッチコックによれば「ライトの示す広い道」を理解することなく、「さらに制約されたヨーロッパの新建築特有の野心を受け入れた」がために、小物としての役割から脱することができないのだった[11]。主役格のようにそのような制約に背くこともなく、ノイトラはモダニズムの歴史的な信条を温存したまま、むしろこれらを穏やかに酷評する役割を果たしたのである。

　ノイトラのふたつの分類のたいへん注目すべき点は、注目すべき点が全くないことである。ノイトラに関する議論は一般に主題が限られるのであるが、それもモダニストの基本的な美辞麗句や再三取り上げられてきた戦前と戦後のモダニズム間の単純な区分に分類されるようなものであるがゆえ、今日となっては陳腐である。そしてさらに重要なのは、このこと自体がノイトラを陳腐化するのである。

　しかし、ヒッチコックによる分類やノイトラが実際には重要人物であるべきことを立証する必要性にそれほど影響を受けずに済む見方、あるいは選択による歴史の手法の代わりに依拠するノイトラ研究への取り組みは、ノイトラが早熟にも国内産鉄骨組を採用したことやラ

イトへの恩義からではなく、むしろノイトラが多作の物書きであり、強い意志を持った建築理論家であった事実から始まるのである。ときには通りいっぺんに言及される『生き抜くデザイン（Survival Through Design）』を除けば、ノイトラの膨大な量の著作はほとんど知られていない。生涯を通してノイトラは――作品集を入れなくても――少なくとも7冊の本を出版し、無数の記事を書いている[★12]。彼のアーカイブはまさに縫い目がほつれそうなほど未刊行の著作で溢れ、すべての紙切れは彼が「アイデア」と呼んだもので覆い尽くされている[★13]。ベネヴォロはノイトラについて、「理論家ではなかったので、ノイトラは、一般的な議論に時間を費や」さなかった[★14]と主張したにもかかわらず、文章の守備範囲においては同業者たちをゆうに超え、特に比較されることの多いミースやシンドラーはノイトラの足元にも及ばない。実際、無数のモダニスト建築家たちのアーカイブ同様に、ノイトラの文書類には、何千もの未調査のドローイング、青焼き図面、建築資料及び仕様書の本などが含まれる。しかしながら驚くべきことに、さらには奇妙なことに、彼のアーカイブに含まれる文章には説得力がある。

　そのうえこの説得力は、決して陳腐ではない。ノイトラの理論面における性癖の奇妙さは、同業者たちとの違いを際立たせるだけでなく、一種の建築的倒錯である。彼の文章には、一般的に建築上の関心事として認められる範囲からかけ離れた特定の主題があまりにも度重なって現れることから、これらが衝動を形成している。さらに例えば母・母性・妊娠・授乳・トラウマ・誕生・性・喜び、または夢のような、実際に衝動がよく発生する主題にかかわるものばかりである。これらの主題が特に性格上、扇情的でありかつ建築外の領域のことであるにもかかわらず、ノイトラに関する文献ではほとんど触れられてこなかったという事実自体、かなり異例である。しかし言うまでもないがこの内容は、これがノイトラの空論的な合理主義者及び純真なヒューマニストとしての評判を真っ向から否定し、反対に建築の生産と評価の

周囲に渦巻く、精神分析や無意識あるいは非合理的な動機に対して彼が強い関心を抱いていたことを、露呈したのである。

抵抗する空間　THE SPACE OF RESISTANCE [6]

世紀末ウィーンの文化史上、ジークムント・フロイトと精神分析は両方ともまっとうに最大の位置づけがなされている。この文化史ではここ数十年のうちに、建築及び都市生活がずいぶん注目されるようになってきている[15]。建築実務及び精神分析実務間の関連づけはもちろん行われるようになっているが、一般には現代の精神分析の領域において、両者の繋がりが形成されたと言われている。すなわち、この現象は歴史の作用によって発生したとは理解されておらず、むしろ歴史上の時代精神の不可避な副産物として扱われているのである[16]。多かれ少なかれこの手法に従い、ノイトラに関する文献に出てくる主要な主題のすべてが、彼の思想が形成されたウィーン時代に決定づけられたものとして把握されている。例えば、モダニズム建築への関心はオットー・ワグナーの独占的立場により、技術的成果への関心は工科大学で学んだことに起因し、さらにはアドルフ・ロースとの繋がりによってアメリカへの関心は説明される。このような歴史の解釈に従うのであれば、少なくともノイトラの精神分析への関心に注目し、この関心の実質的な影響を探るのは理にかなったやり方であろう。モダニズム全般に対して世紀末ウィーンはとても重要であったにもかかわらず、今まで誰も、この大釜のような状況の中から、建築設計に精神分析を用いることに明白な関心を抱いた特定の建築家を引き合いに出したことがなかったのが不思議でもある。ノイトラが精神分析に何よりも執着していた事実さえ、ついでに触れられる程度の扱いでしかなかった。

▶6　resistance：精神分析過程の妨げとなる要素。フロイトが初めて著書『ヒステリー研究』(1895) で用いた用語

ノイトラはフロイトと個人的に知己があり、フロイトの作品に親しみ、精神分析に専門家として関心を持つようになっていたことが知られている。ノイトラとフロイトの経歴上の繋がりは有名である――ノイトラは、建築家になったフロイトの息子エルンストの友人であり、この友情を通してベルクガッセ19番地や他の地でフロイト家とともに過ごした★17。従うべき権威として、また同時に抵抗すべき権威として、ノイトラにとってフロイトは試金石であった。思想的に影響を受けた人物として、ノイトラが生涯を通して著した文章の中に何度も登場するのである。ノイトラは、青年だった1910年代にフロイトの事務所を訪れたこと、精神障害者だった長男のことで1930年代にフロイトのもとに相談に行ったこと、さらにはフロイトの死後ずいぶん経った1960年代にドキュメンタリー撮影のためにベルクガッセ19番地を再訪したことを、書き記している★18。フロイトの作品との実質的なかかわりが始まったのは1910年12月10日のことであり、このときノイトラは初めて『日常生活の精神病理学』▶7を読み、特に性を扱った記事に高い関心を示している★19。のちにノイトラは家庭生活の些事の中でも、このうえなく無意識のうちに習慣として行われる事柄にとりわけ強烈な関心を抱いたのだが、この文献と結びつけられたことはない。このひとつのあからさまな例をとってみても、ノイトラだけでなく近代建築全般に関する論考に、精神分析が関与し得たことが窺える。

　ここで強調しておきたいのは、こうした文献が決して知られていないわけではない、ということである。実は、長いこと知られている。ノイトラ自身、目につくところに置いてきた。しかし、ノイトラと精神分析との関係は、たいして重要視されずにきたのだ。ノイトラの経歴が誤解されてきたのは、小物の人物が現物以上の大物として描かれてきたせいではなく、むしろ建築モダニズム全般の精神分析に対する歪んだ意識の表れによることを、私は示唆しようと考えている。ノイ

▶7 邦訳：ジークムント・フロイト著、高田珠樹訳『フロイト全集〈7〉1901年 日常生活の精神病理学』岩波書店、2007

トラへの言及ではほとんど必ず、精神分析上の数々の原理が取り上げられるのだが、どうもノイトラがそのように意図したからではないようである。それどころか、これらの原理が論考に表れるのも、あやふやに、偶然に、そして無意識のうちになのである。例えば、ノイトラを顧客の多様な感情的で心理的な要望に応える思いやりある療法士に転換してしまえば、たいがいはノイトラの精神分析に対する関心を直接分析し損ねることとなる。例えばベネヴォロは「ノイトラはクライアントに非常に敏感に対応し、人間的でそのうえ機能的な関係を築いていた」のだと言う[20]。ブルーノ・ゼヴィのような他の作家たちにおいては、建築自体が心理療法を受け、その過程を通して「さらなる豊かさ、人間的な温かみ、及び個性」を得たかのように、この主題が浮上する[21]。批評の枠組には、他のかたちへと変化して忍び込んでくる。例えばゼヴィとフランプトンのように、バンハムはロヴェル邸のことを「創造的な不安」に満ちていると評する[22]。しかし、さらに興味深いのは、バンハムがハイ・モダニズムと消費文化との関係を、精神分析を介して説明しようとすることである。ガーデングローブ・コミュニティー教会と商業建築間の共通点を論じるのにあたってバンハムは、形態の類似を「意識下の原型」に起因するとすべきか、あるいは受け入れやすいように和らげられたインターナショナル・スタイル——ノイトラ自身が最初に引き起こしはしたが、そう言われるのを快しとしなかった——との無意識のうちの対峙に起因するものとすべきかを議論した[23]。ギーディオンは、同様に無意識の理論に頼った。トレメイン邸では、特定の感情状況、すなわち現実としての建築を心理的価値に融合させることのできる芸術の基本能力に、自然が取り込まれていることを強調するために、〈投影〉▶8の概念を使った[24]。

バンハムの議論が精神分析の専門用語で書かれているのに対し、ギーディオンの分析はそうでないがゆえに、ノイトラにとってはより関係の深いものとなるであろう[25]。ギーディオンの有名となった言葉に、

▶8 projection：自分では受け入れられない衝動や観念を外界に投じることにより、自分の興味や欲望がまるで他人のものであるかのように考えるようになる防衛機制のひとつ

「われわれの精神生活は均衡を失(っている)」があり、「分裂した人格」はもはや病気によるものではなく、現代では普通に見られるようになっていると書いた段階で、既に精神分析の建築論考への影響が、潜在的ではあるが見逃せない状況にあったことがわかる[26]。しかし、ノイトラについての著書の序文でギーディオンは、近代建築及びゴシック建築が「その時代の可能性と展望」に応じて、「感情的な内容物を構造体にしっかり固定している」と記したことにより、自身の知性の源流が精神分析の発展を遡る考え方及びこれと同時代の考え方──すなわち、19世紀心理学から発生した形態心理学及び世紀末美術史に見られる美学──にあることを、解き明かしたのだった[27]。のちの限られた期間、精神分析は精神現象を理解するための主要な手法となるのだが、この背景には当時の精神生活に関連する様々な競合理論の台頭があった。さらには、19世紀の形態心理学が建築の概念に深く浸透してきたことにより、本来の精神分析の評価に大きく影響するようになっていた。建築学は精神分析によって埋められるのを待つ空っぽな学問ではなかった。ゆえに、この学問への精神分析原理の単純な導入は、既に建築研究を通して理論化されていた心理学上の課題により阻止されたのだった。

　このような問題のひとつに、形態心理学の領域で特定されるようになっていた建築を特徴づけるものとしての空間があった。ほとんどの理論家は、人間の脳の中には基本的な空間認識の感覚が存在すると信じ、建築とはこの本能の物理的表現であると考えていた[28]。この主観的、すなわち心理学的な空間の捉え方は、かえって建築に空間を客観的事実として取り扱う可能性を残した。一方精神分析の分野では、〈投影〉、〈分離〉[9]及び〈局所論〉[10]にかかわる言語を用いることで、空間をさらに根本から主観的に把握した。そうすることで精神分析においては空間を、増殖しつつあった無数の恐怖症や病状の宝庫とすることができた。空間に対する不安が、意匠に起因する問題であるのか、

▶9　separation：対象から身を引いたり、対象と分かれる身体的な行動により、独立したという意識が得られること
▶10　topography：心理的過程は意識・前意識・無意識からなるという、フロイトの精神分析理論のひとつ

あるいは精神症状として理解されたものであるのかによる違いの溝を埋めるのは難しく、結果として建築と精神分析間の相互作用において、多数の誤解をもたらす障害や錯認の状況が生み出された。精神分析の領域は、あまりにも多くの建築学的な含みを取り込んでいたので、もはやデザインには容易に取り込まれなくなっていたのと同様に、建築が純粋に精神分析的になるには、既に心理学上分析され過ぎていたのだ。

　アメリカでこの状況は第二次世界大戦後にさらに強烈になり、精神分析は知性を支配する絶対的な存在となったのであるが、ここに至る過程でそれ自体の無数の異形を発生させることとなった[29]。実際、精神分析は、精神生活と人間の挙動両方を理由づけする他の多くの新しい作用が織り合わさる下地となった。建築は、これら手に余るほどの多様な心理学に積極的に取り組むとともに、これらの発生の手助けさえし、このごたごたの中に環境心理学を加えたことで特に良く知られる。1950年代までに建築の論考は、生理学的心理学や（精神分析に先立ち、またこれと共に発展した）形態心理学の厳選された系統に、神経精神医学、行動主義、環境心理学や（精神分析、またこれを介して発展した）他の様々な学説が融合したものに特徴づけられていた。原則として、それもふさわしいことに、他の科学領域は建築学から直接名指しされたのに対し、精神分析の要素は無意識のうちに現代の学術研究に染み込んでいたのだ。このように、前述したバンハムやギーディオンやゼヴィによる一節が書かれた戦後の時期はまさに、精神分析というたいがい目に見えない乳濁液の中に、多様な心理学の固い塊が浮遊する混合物となっていた。

　この状況は、精神分析が専門技術に適用されているというよりはむしろ精神分析がもたらした広大な文化を描写しており、ゆえにモダニズムを精神分析の視点から歴史的にも理論的にも理解しようという試みが今まではとんどなされなかった理由が徐々に明らかになり始める

のである。ノイトラの作品は、建築に加え本書で「精神分析時代」と呼ぶものを研究するための、まさに理想的な事例となる。彼の作品からは、建築を通してフロイトがどのように摂取され変貌させられたかの過程を容易に知ることができるがゆえに、ノイトラは矛盾する考えを手当たり次第試していると、見られざるを得なかった。フロイトの理論と同じようにノイトラの建築は、戦後になっていまだかつてないほど人気となった。彼の建築を特徴づける要素はあまりにも拡散的であったので、同時にあらゆるところにいるようで、どこにもいないような状況をつくり出した[★30]。ノイトラの建築が透明であったとするならば、彼が建築に心理学を導入したさまは、それ以上に透明であった。ノイトラと同時代の彼の取り巻きのためにあるいは後世のためにこの現象を立証したであろう歴史家と批評家たちはみな、不明瞭でありながらも避けて通ることのできない同じ精神分析文化に浸っていたのである。結局、この心理学理論の寄せ集めがたとえ見慣れたものであっても、ハイ・モダニズムが謳い文句として意識的に求めた科学的な精度と真理に応えられなかったため、現代になっても無意識の側面から脱することができなかったのだ。

　ゼヴィの『空間としての建築』に掲載された要約からは、建築と精神分析との間に生じる引力と反発力、相反する理論の節操のない絡み合い、加えて空間性の強調に関する理解を深めることができる。

　　精神生理学的批評やここから得られた推論から、精神分析学的解釈を導くのは容易である。……それはクロード・ブラドンの二元性と三元性の理論において喚起され……しかし、この見解は概して散漫なものとなっている。たとえば、クリストファー・レン卿は、初期の事例として列柱に対する人類の好みを、かつてわれわれの祖先が、森のなかで祈り、その幹をあがめたという事実によって説明した。また、トンネルや地下鉄の地下廊にたいする反感は、ひろく一般的にみられる現

象だが、これらは、現代のノイローゼによって説明できる。ルーマニアの哲学者、ルシアン・ブラガは、リーグル、フロベーニウス、そしてシュペングラーにおける"空間感情"の概念を論じているが、そこで彼は、この中に無意識の現象を見出し、"感覚的な"空間概念と深層心理との間の関係を探った。これらはいずれも興味ぶかいが、ここでいまわれわれが論じているのは美学的分野についてだけであり、建築批評の領域には及んでいない。★31

　この一節で精神分析は、強要され、もてあそばれ、悪用され、断固として拒絶されながらも常に存在し、ノイトラが精神分析をためらいつつも流動的に取り扱った状況と似通う。実際、ノイトラや他の無数の者たちは、そのような割り当てをすることで、いまだ蔓延する精神分析文化の形成において重要な役割を担ったのである。
　この選択による歴史は、建築の精神分析との関係を抑え込みながら是正もする修史に沿って進展すると言うよりはむしろ、ノイトラと精神分析を選び出して同じ舞台の上にできるだけ印象的に並べ替えることで進展するのである。この際、劇の筋書きは、精神分析と建築いずれもの純粋性からわざと離れたところに追いやられる。この結果のひとつとして、両者共さらに広いさほど目立たない——昔からそれほど際だっていたわけでもない——文化領域に溶け込むので、ノイトラも精神分析も無傷では済まない。しかし同時に、このような配役替えによって演技は、さらに奥行きが増し、変化に富み、そして可能性を秘めたものとして出現するのである。
　この作業に取りかかるために、本研究では1940年代後期から1960年代初期の間に設計された、ひとにぎりの住宅と一棟の公共建築に焦点を当てる。これらの事例は、大きいガラス張り開口部がある陸屋根の平屋に特徴づけられる、ノイトラのこの時期の作品の一小分類に含まれはするが、この全体を網羅するわけではない。隅で突き付けにし

たガラス面とスパイダー・レッグ[▶11]が、この分類の典型である。同時期にノイトラは、これらの要素のすべてではなくいくつかに限って含む、むき出しの垂木や勾配屋根や他の造作を用いた別種の家も追求したが、これらは私の関心外である。個々の事例を選んだ理由は、それぞれ異なる。特に家は、事例として成立すれば良く、他の作品でも代替可能であった。しかし、これらのうちいくつかは予算の高いものであったが、他は低いものとし、そのひとつはある種類の発展段階の初期に当たり、もうひとつはこの最盛期になるように配慮した。取り上げる作品として、アーカイブに関連文書が残るものを意図的に探した。私の事例選択は、この分類の中で最適であるとは思っていないし、この分類の詳細な説明にも焦点を当てていないが、これらの作品によって確立される領域全般を対象として、熟慮を重ねながら議論を進めようと考える。

本研究では、〈感情移入[▶12]〉(アインフューレング)についての議論から始める。〈感情移入〉とは、美学理論においては精神分析以前からの関心事であると同時に、大衆心理学においては精神分析以後の焦点となるものである。本書の第3章から第5章では、フロイトの仲間うちで生み出された具体的な文献や概念——この末端に触れるだけであるが——に関連づけることのできる特定の家を数棟詳細に読み込む。例えば、1947年のローク邸は、オットー・ランクとの繋がりから理解しようとするのに対し、チューイー邸はヴィルヘルム・ライヒの作品に絡めて考察する。本書の第6章では、ノイトラによる「環境」の設計を詳細に理解するためにムーア邸を検証しているのだが、これは心理学のさらに全般にわたる大衆的な感覚との関係から分析している。そして最後には、不格好ではあるが重要なガーデングローブ・コミュニティー教会及びノイトラの著書『生き抜くデザイン』を取り上げて、締めくくる。これら最後の作品群を通して、新生領域である環境心理学とノイトラとの関係を、さらには現代的なモダニズムに対する一般大衆の評判をも探る。

▶11 spider leg：ノイトラの建築を特徴づける、建築躯体から蜘蛛の足のように張り出す枠組構造
▶12 empathy：他人の心理状態を、これに伴う感情をも含め、身代わりになって体験する受け止め方。

全体を通して、ノイトラの文章のうち精神分析文化に関連するものは、刊行物、未刊行物をも含めてすべてを重要視している。この際建築を、表現上合理的な記号論にまで矮小化して、対話療法を介して治癒してしまいたい欲望を抑えるように、できる限りの努力をしている。それよりもむしろ、ノイトラのキャリア上のこの時期が、ちょうどアメリカでの精神分析文化が急激に発展したときでもあったことを念頭に置いておくように心がけている。この時期には、精神分析の成果が定量化できるほどになり、他の無数の心理学と入り交じり、極めて複雑な精神療法の気風を形成するようになっていたのである。建築もこの発展に加勢し、精神界の圧倒的な権威となった。ノイトラはこのような権威者としての地位を得ただけでなく、彼を信じる顧客層も大勢現れた。この信念があったからこそ、彼の作品を受け入れる社会背景が形成され、これらの作品に見られる「ムード」が発生したのである。「AIA▶13ジャーナル」誌1956年8月号に掲載された「ホームシック」という以下の詩は、この背景を体現している。詩はノイトラのことを賞賛しながら見下し、彼が主役級であるか小物であるかを問うこと自体、的外れであると言っている。建築と感情との関係に注目し、これをあざけり、かつ強調する。そして精神分析を職業化し、商品化し、これに抵抗する。すなわちこの詩は、本研究で探る問題や作品の文化的環境を的確に描写しているのだ。

「この家はごたごたで、気が狂いそうだ」
と、いつの時代にも住み手たちは勢いづいてきた。
「計画は悲惨で、見通しも悪い！
狂犬病になったかのように怒り狂ってやる！
あのおぞましいインテリアデザインはむかつくだけでなく、
大きくて赤いじんましんや、いやな強迫観念さえ引き起こすのだ」

▶13 American Institute of Architects（AIA）：1857年に設立された建築家のための職能団体。本部は、ワシントン特別区にある

そうだよ、今まではそうだったよ。と、リチャード・ノイトラは、
朗らか、かつ辛辣な声色で説明する。
彼らの素性が不愉快なほど調和しないと、
気の毒な人たちは何ともわからぬ痛みに苦しめられてきた。
でも私たちは賢くなったので、精神分析にかかれば良い。
今や科学のおかげで、そのような苦痛はすべてノイトラ化[14]できる
のだ。

さあ、人々を普通に戻す家を建て、
手荒いクライアントも落ち着かせよう。
テクスチャーやかたちや色合いをそっと改良すれば、
険悪な間柄のカップルも仲直りするだろう。
建築家に癒しの心さえあれば、
手に負えない子供も、天使になる（もしくはそれにかなり近くなる）。

今までは安定した住まいを創れば良かったかもしれないが、
新たな時代には新たな役割が求められる。
もったいぶって役が与えられた今日の建築家は、
クライアントの魂を設計しなければならない。
生活をまもるために、あの精神をゆさぶるノイトラ様式で建てよう。
家庭は医療センターであり、矯正施設でもあるのだから。

(さあアメリカ建築家協会よ、次は何？
アメリカ医師会はかなり苦しんでいるように見えるぞ）。 ★32

---

[14] 効力を失わせることを意味するneutralizeを、ノイトラの手にかかることにかけてNeutra-lizeとしている

第2章 注

★1 Henry-Russell Hitchcock, *Modern Architecture: Romanticism and Reintegration* (1929; New York: Da Capo Press, 1993) 及びSigfried Giedion, *Space, Time and Architecture: The Growth of a New Tradition* (1941; Cambridge: Harvard University Press, 1967) (邦訳：ジークフリート・ギーディオン著、太田實訳『新版 空間・時間・建築』(復刻版) 丸善、2009) を参照。ノイトラに言及する、概説的な近代建築の歴史には、Lewis Mumford, *The Brown Decades* (New York: Harcourt, Brace, 1931); Leonardo Benevolo, *History of Modern Architecture* (Cambridge: MIT Press, 1971)、1960年イタリア語で初版 (邦訳：レオナルド・ベネヴォロ著、武藤章訳『近代建築の歴史』鹿島出版会、1978-79初版、2004復刊); Vincent Scully, *Modern Architecture: The Architecture of Democracy* (New York: George Braziller, 1961) (邦訳：ヴィンセント・スカーリー著、長尾重武訳『近代建築』(SD選書63) 鹿島出版会、1986); Reyner Banham, *Los Angeles: The Architecture of Four Ecologies* (Harmondsworth: Penguin, 1971); William Jordy, *American Buildings and Their Architects* (New York: Doubleday, 1971) 及びand Kenneth Frampton, *Modern Architecture: A Critical History* (1980; London: Thames and Hudson, 1990) (邦訳：ケネス・フランプトン著、中村敏男訳『現代建築史』青土社、2003) がある。現代批評の重要人物としてノイトラを取り上げたことがないのは、唯一マンフレド・タフーリのようであるが、イタリアでのノイトラ及び戦後アメリカのモダニズムに対する広い関心を考えると、かなり気になる。

★2 James Ackerman, "Report on California," *Architecture Review* (October 1956), 239; Jean-Louis Cohen, *Scenes of the World to Come: European Architecture and the American Challenge, 1893-1960* (Paris: Flammarion, 1995), 198に掲載。

★3 Bruno Zevi, *Richard Neutra* (Milan: II Balcone, 1954) の結語を参照。

★4 例えば、Frampton, *Modern Architecture*, 248を参照。

★5 ヒッチコックは、「彼が1927年にロサンゼルスに建てた集合住宅や他の実施作品は、彼の作品本来の域に達していなかったことをはっきりさせておかなければならない」と記している (Hitchcock, *Modern Architecture*, 204)。ノイトラの著書 *Wie baut Amerika?* (Stuttgart: J. Hoffmann, 1927) には、プレファブ化、建築部材の標準化、そしてスウィーツ・カタログに代表される建築工法についての広く知られた評価が含まれる。

★6 ベネヴォロは、ノイトラがハリウッドの軽薄な俗物根性に支配されている背景の中で「近代建築というデリケートな植物を育て」たことに、特に感心していた。Benevolo, *History of Modern Architecture*, 639, 643を参照 (訳文は邦訳 (280) より引用)。

★7 Sigfried Giedion, *Architecture, You and Me* (Cambridge: Harvard University Press, 1958), 148を参照 (邦訳：ジークフリート・ギーディオン著、生田勉・樋口清訳『現代建築の発展』みすず書房、1961)。

★8 Benevolo, *History of Modern Architecture*, 639 (訳文は邦訳 (274) より引用)。

★9 Cohenは、*Scenes of the World to Come* (98-101) 中、ノイトラの特にこの側面を強調して

いる。
- ★10 彼の顧客に対する関心は特に下記で強調されている。Benevolo (*History of Modern Architecture*, 641)、Zevi (*Richard Neutra*, 25-26, 29) 及び「彼の作品は、その建築プログラムが居住者の精神的―生理的健康に直接作用すると判断できる時に、最高の状態にあった」と書いたフランプトン (*Modern Architecture*, 249) が挙げられる。
- ★11 Henry-Russell Hitchcock, *Architecture: Nineteenth and Twentieth Centuries* (1958; Harmondsworth: Penguin, 1981), 514.
- ★12 *Wie baut Amerika?* の他にノイトラの本は、*Life and Shape* (New York: Appleton-Century-Crofts, 1962)、*Survival through Design* (New York: Oxford University Press, 1954)、*Mystery and Realities of the Site* (Scarsdale, New York: Morgan and Morgan, 1951)、*The Architecture of Social Concern in Regions of Mild Climate* (São Paulo: Gerth Todtmann, 1948)、*Amerika: Die Stilbildung des neuen Bauens in den Vereinigten Staaten* (Vienna: A. Schroll, 1930) 及び *Life and Human Habitat / Mensch und Wohnen* (Stuttgart: A. Koch, 1956) がある。
- ★13 ノイトラの文書類は、カリフォルニア大学ロサンゼルス校にあるチャールズ・E・ヤング研究図書館 (Charles E. Young Research Library) 内、リチャード・J・ノイトラ・アーカイブ特別コレクションに所蔵されている。以降、ノイトラ・アーカイブと呼ぶ。本著執筆時には、戦後文書のほとんどがまだノイトラ・シルバーレイク事務所にあったのだが、ダイオン・ノイトラの協力のおかげで現地で調査することができた。以後、史料はカリフォルニア大学ロサンゼルス校に移管された(これらの史料の引用にあたっては、ノイトラの特異なつづりや句読点の打ち方をそのままに記載した)。
- ★14 Benevolo, *History of Modern Architecture*, 641 (訳文は邦訳 (274) より引用)。
- ★15 特に重要な Carl E. Schorske, *Fin-de-Siècle Vienna: Culture and Politics* (New York: Knopf, 1980) を参照。
- ★16 近代建築文化下における精神分析に関する広範囲に及ぶ重要な論考が、Anthony Vidler, *Warped Space: Art, Architecture, and Anxiety in Modern Culture* (Cambridge: MIT Press, 2000) にある。(邦訳:アンソニー・ヴィドラー著、中村敏男訳『歪んだ建築空間 現代文化と不安の表象』青土社、2006)
- ★17 この繋がりの重要性についてハインズは、著書 *Richard Neutra* (12-13) で触れている。ここで取り上げられた歴史学方法論の論点に関して言えば、ハインズがノイトラについて執筆したのは、ちょうどアメリカの批評家たちがポストモダニズムに没頭していた時期である。従って、ハインズにとってノイトラは「近代建築の台頭と衰退」(4)を考察するための恰好な手段となった。ハインズは、モダニズムを完成された歴史上の現象とみなすことにより、ノイトラ自身の評価よりもむしろ、モダニズムの本質全般に力点を置くことができた。ハインズによれば、モダニストたちの定義するモダニズムの基本目標は、「地味かつ実用的ながら、美学的に十分興味深く多様な」(299)作品によって達成されており、しかもハインズが対象としたのは後期モダニズムに限られていた。ハインズにとってノイトラの最高の時期は1927年から1949年の間で、その後は近代運動の教義に固執し過ぎたため、彼の作品

は勢いを失ったのだと評した。

- ★18 例えば、Neutra, *Life and Shape*, 88; Neutra, *Promise and Fulfillment, 1919-1932*(Carbondale: Southern Illinois University Press, 1986), 214-215及びHines, *Richard Neutra*, 97を参照。
- ★19 リチャード・ノイトラ, Diary, vol. 1, ノイトラ・アーカイブ所蔵。
- ★20 例えば、Benevolo, *History of Modern Architecture*, 641を参照。
- ★21 Zevi, *Richard Neutra*, 25, 訳は著者による。ゼヴィは次いで、ロヴェル邸以降「ノイトラは、純粋な空間という構想——美術館としての家——から自らを切り離したかのように、徐々に精神的浸透の度合いを増していった」と言う。
- ★22 Banham, *Los Angeles*, 189。
- ★23 同上、195-196。バンハムはシンドラーについても同じ観点から説明している。
- ★24 Willy Boesinger, ed., *Richard Neutra 1923-1950: Buildings and Projects* (London: Thames and Hudson, 1964), 9所収、ジークフリート・ギーディオンによる序文を参照。
- ★25 マーク・ウィグリー(Mark Wigley)はエッセー "Post-Operative History," *Any* 25/26 (2000), 47-56で、モダニズムの正史における精神分析の曖昧な存在について簡潔かつ具体的に、マンフレド・タフーリに関連づけて考察した。また、2000年にAAスクールで開催された、マーク・カズンズ(Marc Cousins)によって精神分析と空間をテーマとして企画された会議で発表した論文で、さらに広く論じている。
- ★26 Giedion, *Space, Time and Architecture*, 11-13。
- ★27 ギーディオンによる*Richard Neutra*の序文(9)を参照。この伝統は、*Empathy, Form, and Space: Problems in German Aesthetics, 1873-1893*, 序文と翻訳Harry Francis MallgraveとEleftherios Ikonomou(Santa Monica: Getty Center for the History of Art and the Humanities, 1994)で分析されており、この話題は第3章でさらに詳細に取り上げる。
- ★28 空間を先験的な概念として捉える例には、イマヌエル・カント著『純粋理性批判(*Critique of Pure Reason*)』(1781)及び『判断力批判(*Critique of Judgment*)』(1790)がある。
- ★29 例えば、Nathan G. Hale Jr., *The Rise and Crisis of Psychoanalysis in the United States: Freud and the Americans, 1917-1985* (New York: Oxford University Press, 1995)を参照。
- ★30 上記バンハムのガーデングローブ・コミュニティー教会についての論考を参照(*Los Angeles*, 195-196)。ここで彼はノイトラと商業建築との間に存在する無意識の関係を説明している。
- ★31 Bruno Zevi, *Architecture as Space: How to Look at Architecture*, Milton Gendel訳 (New York: Horizon Press, 1957), 192-193。ゼヴィは、ブラグドン(Claude Bragdon)の精神分析に関連づけた男女間の関係と両者の接触についての論考を理解し、ブラグドンの*The Beautiful Necessity*を*Architecture as Space*, 249-250で説明している(邦訳：ブルーノ・ゼヴィ著、栗田勇訳『空間としての建築』青銅社、1966。訳文は邦訳(251)から引用したものに、訳者が加筆、修正)。

★32 Lisa Jerard, "Homesick," *Journal of the AIA* (August 1956), 61.

第3章
THE EMPATHIC HOUSE
感情移入できる家

問：
私たちの家は、私たちの精神衛生に
影響を及ぼし得るのでしょうか？
ノイトラ：
影響を及ぼさないわけがないでしょう。
そうでなければ、
どこで狂えと言うのでしょうか。[1]

精神分析時代 THE CULTURE OF PSYCHOANALYSIS

今や世紀末ウィーンは、一体となって近代性を確固たるものとした各勢力の合流点の縮図となっている。しかしノイトラが、このオーストリアの首都で生まれた1892年には、決して完全にかみ合うことのない、ずいぶん多様なかたちをした近代性が、ウィーンのまちに境界線を刻み込んでいた。特に精神生活の相反する視点が、街並みをまとめあげていた。1784年にパノプティコン形式で建てられた、精神病院フールズ・タワーが、まちの中心部に立っていた［図5］★2 ▶1。収容者は市民の日常生活から隔離されると同時に、すっかりこの一部ともなっていた。内部では放射状に並ぶ独房での監禁が標準であったが、一方外部では塔が都市の構成要素のひとつとなり、中から漏れ出る叫び声は都市騒音のつきものとして捉えられていた。収容者は、フールズ・タワーで初めて囚人たちから離され、たとえ最低限ではあっても服と食事を与えられた。またここで初めて、精神障害者は鎖で繋がれ、鞭打ちされ、あるいは隔離されることで「治療」された。フールズ・タワーの近代性は、精神障害者を脱宗教化し、処罰の対象からはずすことを実現するために、また矯正治療の体制を立ち上げるために、建築の

▶1 パノプティコン：中央監視塔から放射状に独房が並ぶ監獄の建築計画

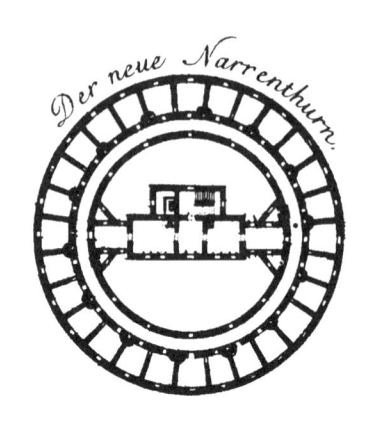

図5　フールズ・タワー（愚か者の塔）、イジドール・カネヴァーレ、ウィーン、1783-1784年

透明性の一種を用いたことにある★3。事実、この精神病院では監禁を管理方針としており、建築自体も堅牢であったにもかかわらず、収容者たちの心が精神回復に対して透明であると考えられていたように、ここで行われることは公に対して透明であった。フールズ・タワーでは、内部では改善、外部では抑止を表現するように、建築の姿からその機能が読み取れる18世紀の概念に頼っていた★4。19世紀中葉までにこの種の合理性は転換されてしまい、1866年以降フールズ・タワーは精神病院として使われなくなっていたのだが、ノイトラの青年時代までには心理療法としての空間構成や平面形式が十分に確立されていた★5。

　精神障害者の扱いの合理化を象徴するフールズ・タワーにほど近いシュタインホフで、オットー・ワーグナーは精神療養所を計画中であった［図6］★6。この施設の礼拝堂は、建築史上よく知られたものであ

図6　オットー・ワーグナーのシュタインホフ療養所俯瞰、
エルウィン・ペンデゥル作、水彩画、1907年

るにもかかわらず、施設の他の建物やここでの体制はほとんど注目されずにきた。ウィーンの周辺部に位置し孤立しながらも、シュタインホフは利用しやすい公園のようであった。ワーグナーの計画は、相応な中央集権型の権威によって階級と狂気の両方を組織化する、バロック様式の屋敷として設計された。監禁の象徴は、組織化の象徴に置き換えられた。すなわちはっきりと体系づけられ、階層化された敷地計画の中に数々のパヴィリオンが配置され、管理棟や宗教施設が目立っていた。ワーグナーの設計に見られる治療上重要な点は、精神障害者にもわかるであろう、明快で象徴的な序列であった。慈愛に満ちた貴族的な屋敷のようにみせかけておいて、シュタインホフは精神病院ではなく、精神療養所として提示されたのである。従って施設には、独房ではなく寝室があり、工房、応接室や庭園も見られた。裕福であれば一般大衆のレベルまで引き下げる原理に基づき、そうでなければ労

働倫理に基づく——この種の社会生活を営む計画に加え、患者たちは心の浄化のために身体に働きかける精神体制に組み込まれるようになっていた。破壊的なエネルギーを取り除くために神経系を刺激する氷風呂は、特に好まれた手法であった。

　狂気に対して薬を処方したり、これを体系づけたりするために、シュタインホフには貴族的な権力を医学の権威へと転換し、また田舎の荘園を病院へと転換する象徴的な秩序が必要だった。この転換は、狂気とその療法の手本に対する読み取り可能で指標的でさえある印となるように、故意になされた。実際、この意味合いを読み取ること自体、療法となるように意図された。しかしシュタインホフでは収容者に対して、彼らが注意を向ける必要もない、わざと視界から隠された方法でも、療法的に作用するようになっていた[★7]。患者たちは実際には収容者であったのだが、建築が開放的だったため監禁されていることを見抜くのは難しかった。なぜなら窓の面格子は飾り立てられた鉛製の中方立ての中に隠され、壁は低木に覆われ、特殊用具は調度品の格好をしていたからである。透明性の高い建物の見かけと行動の自由自体が療法的であるとは、理解されていなかった。この時期には、開放的な環境のようなものが精神に及ぼす効果を扱う研究はほとんどなかった。しかしそれにもかかわらず、透明性には心理効果があると理解されていた。監禁されている恐怖が軽減されることで、患者たちにとってこの施設の療法体制が受け入れやすくなるはずであった。言い換えれば、建物の透明性、庭園からなる周辺環境や光輝く白いタイルは、手に負えない狂人あるいはシャワーで水を浴びせられる狂人を扱ううえで、清掃を容易にする以上の効果があったわけである。光沢と透明性という形式上の特性を用いて、身体に及ぶ処置に気がとられるのを避けようとしたのだった。シュタインホフでは患者たちに対して精神分析療法は行われなかったが、精神生理学上、狂気として解釈された状態に対する処置の隠蔽と促進では、精神分析理論に頼っていた[★8]。

図7　ジークムント・フロイトのアパートメント、ウィーン、ベルクガッセ19番地

　当時ノイトラは、ワーグナーのもとで建築を学ぶ学生であったと同時に、ワーグナーを師として崇めていたので、シュタインホフの建設過程をかなり詳細に追っていただろうことが想像できる★9。しかしまさに同時期に、ノイトラはエルンストとジークムント・フロイトをベルクガッセ19番地に訪ねることにも時間を割いていた［図7］。フールズ・タワーから伝わり来る狂気の巨大なイメージからたった数街区し

か離れていない、すっかり上流中産階級の住宅街となっていた地区の全く平凡なネオルネッサンス様式の建物の中で、精神分析が発明され、実践されていた。隔離、統合、そして偽装が、ここでは新たなかたちで配置されていた。すなわち精神分析の診療所は監獄や病院とは異なり、都市の中では存在感がなく、むしろ私的で、隠されているとも言って良い現象となっていた。まるで無意識というもの自体のあり方を真似るかのように都市の目には見えないものの、精神分析は家庭的な背景のまさに中心に位置していた★10。精神分析は、身体が認識できる閾値(しきいち)を下回る領域の事象であるというだけでなく、基本的に物理的環境とは関係ないものとみなされていた。ノイローゼ治療のためには、いかなる特定の物理的状況からも隔離が必要とされたのも、フロイトが精神生活を、これを取り巻く生理的状況から引き離したことに起因する、全く当然の結果であった。このように精神分析は、治療が行われる場所ではなく、治療として行われる対話に重点を置くようになったのだ。

　しかし、このような精神の徹底的な主観化をよそに、――奇妙な二重ドア、鏡、椅子、寝椅子及び骨董品からなる――フロイトの診療所のデザインは、彼の開業には欠かせないものであった。ノイトラは、フロイトの事務所に置かれた今や有名となった品々に、これらが露骨な治療装置としてではなく〈自由連想法〉▶2を手助けするものとして機能したそのあり方からも、興味津々であった★11。D. W. ウィニコットのような精神分析医が、治療の場における分析医と被分析者間の精神及び身体の両関係を描写するために、「抱える環境」▶3という概念を生み出した1950年代までには、精神分析領域におけるデザインの役割は明白になっていた★12。一方では精神分析、他方では精神病院や一般病院の建築が進んでかかわった精神作用の具現化あるいは促進のために用いた方法に見られた主な違いは、精神分析の建築は注意力への間接的な働きかけを通して機能する傾向がより強かった点にあ

▶2 free association：患者を寝椅子に横たわらせ、思いつくことを自由に語らせる精神分析の方法
▶3 holding environment：母親に依存しなければならない乳児を心理的にも物理的にも保護する、発達を促す環境を母親がつくり出すこと

る。たぶんフロイトは、精神分析が行われる場はたいして重要でないと主張したに違いないのだが、実際は環境が治療上担う役割の重要性が減じることは決してなかった。むしろ治療効果を得るために、ほとんど認識できない、無意識のうちに行われる、また私が主張するところの環境に依存する手法にますます頼るようになっていたのだ。実際ウィニコットは、抱える環境の概念において、身体的なものと精神的なものとを文字通り同形として扱ったのであるが、両者が知覚の意識下において一体となっていたからこそ、可能であった。

　一般に療法というものは、鞭打ちが氷風呂に取って代わり、その後対話療法へと移っていったように、近代性の目的論的発展の一部として扱われ、この変遷はすべて人道的合理性がますます優位になってきた表れでもあるのだが、このような特異な近代性は実際蓄積されてきた。シュタインホフでも、フールズ・タワーと同様の昔ながらの隔離室や監禁の手法が採用されたし、フロイトは精神病と神経症とを区別し、後者を心理学的に分析したものの、前者は薬の処方で対処した。さらには精神分析の前提が、さもなければ生理的な主題へと向かっていった臨床精神医学にも浸透してきていた。この蓄積は、ノイトラがアメリカに来て、ロサンゼルスに落ち着いた頃、ますます濃厚になっていた。アメリカにおける精神医学の歴史は本研究の焦点ではないものの、精神分析文化の発展と特徴は中心的な主題をなす。専門化され、大衆化されるにつれ精神分析は、影響力は大きいが遠回しとも言える方法でアメリカ文化の景観をかたちづくり、この過程で建築と新たな結びつきを形成したのである。

　アメリカではフロイト自身よりも、精神分析の方が温かく迎え入れられた。つまり数多くの精神分析の原理は無意識のうちに、間接的にアメリカ文化にしみ込んでいたのである。精神分析の科学的効用が初めて広く認識されるようになったのは、第一次世界大戦中に砲弾ショックの被害者たちの治療に効果を発揮したときであった★13。個人の治

療に焦点を当てた最初の成果のおかげで、この新たな職種に対して政府の関心を惹くことができ、第二次世界大戦までには精神分析の原理が重要な兵器となっていた。心理戦の各形態を開発する取り組みの結果、多様なかつてない人数の心理療法士が生み出され、平時にも職を必要とするようになった。1946年の国家精神保健法（National Mental Health Act）の施行に伴い、一般社会にも臨床医が入り込んできたことで、今までにも増して日常生活の中に病が見出されるようになった。さらには、これらの病理学が個々人の精神の問題から集団の精神衛生の問題へと速やかに転換されたことで、精神分析の概念をもとに一般化された社会工学や人材管理の基礎がかたちづくられた。1960年代までには、社会とその環境を広義の心理学的観点から考えることは、全く問題なく受け入れられるようになっていた。環境心理学のような新たな学問も立ち上げられ、教育から外交問題に至るまで、心理学者はほとんどすべての公共政策分野にわたり、重要な役割を果たすようになった。心理療法はごく普通に得られるようになり、広く求められる利便性の高いものとなっていた[★14]。

　これら様々な発展の影響は、ノイトラ自身の人生に関係づけることができる。例えば、ノイトラ一家は、精神障害を負った長男とのかかわり方について、フロイトに助言を求めたことがある。フロイトは精神分析を勧めず、脳の生理的外傷を原因として突き止め、次いで治療についてふたりは、施設に入れることの長所と短所について議論した。その一方で、ノイトラが長期にわたる鬱病で苦しむようになると、個人的な精神分析を勧めたのだった。しかし1930年代になっても、ノイトラのアヴァンギャルドな仲間うちの友人や顧客の間でさえ、精神分析は相変わらず行き過ぎた推測でしかなかった。妻は1936年10月の時点で、ノイトラが既に1年以上鬱の状態にあったことを心配していたのだが、彼の友人で歴史家のメアリー・ビアードは1938年になっても、「私はどちらかというと精神分析を怖いと思っています。な

くても済むような、非現実的な心象を暗示するに過ぎないと思うのです。取り返しのつかない傷を負わせられかねないと感じることも多いのです。私の意見としては、知的な男女は自身を分析する方が良いのです」と言って、ノイトラは治療を求めるべきではないと忠告するのであった★15。

　しかし1950年代初期までに精神分析は、この土地にすっかり馴染んでいた。当時ノイトラは、アメリカの精神分析医カール・メニンガーとやりとりをし、（メニンガー診療所から派生した）ハッカー財団では講演をこなし、心理学と建築についてやたらと執筆していた★16。ウィーンの状況が精神分析時代の初期の段階の兆しを示していたのならば、ロサンゼルスの状況はその後の蓄積の兆しを示していた。1950年代になると、精神分析医の一戸建て住宅での開業も珍しいことではなくなり、多くの場合、彼らは同じ地域に集まった★17。精神分析はもはや過激な提案ではなく、郊外地につきものだった。さらにはハリウッドに欠かせないものとなり、あらゆる種類の精神分析医が映画やテレビに、日常的に登場するようになった★18。精神分析は、音も立てずに郊外の景観へと浸透し、その過程で大きく転換されながら、どこにでもあり、同時にどこにもないようなものとなった。意識的に、また無意識のうちに、精神分析の原理はアメリカの精神を支配していた。1950年代になると、母親たちはただの母親ではなくなっていた。彼女たちはむしろ、それとなく心理学的に意味づけされたスキップフロアの住宅やあからさまに生活感の施された分析医の診療所で展開されたり、あるいは日常生活に潜む精神病理学に捧げられた連続コメディー番組を放送する無数のテレビに届く電波を通して運ばれたりした、〈エディプス葛藤〉▶4を演じるスター役者となっていた。このような環境の中に置かれた家庭はもはや家ではなくなり、社会的及び空間的相互作用が起きる場を目につかないようにかたちづくる、家庭領域を超えてたなびき出た精神の流れの中心地となっていた。

▶4　Oedipal conflict：エディプスコンプレックス（第4章▶3を参照）に特徴的な様々な葛藤のこと

建築と精神分析との遭遇が純粋なかたちで行われていたとしたら、フロイトはすべての住宅は子宮に戻ろうとする試みであることを初めから知っていて、さらには1950年代までに建築家と顧客たちがようやくこの事実に気づき始めていたのだと結論づける者もいるだろう★19。しかし実際には、建築と精神分析間の相互作用は最初から不純であり、精神分析文化において家庭生活として捉えられるようになるものは必然的に、精神分析と精神生理学と建築学の概念の混成物であった。実際、精神分析側からのミッドセンチュリー・モダニズム住宅の見方は、既に心理学的に分析された建築の理解に媒介されたものであった。建築学に精神分析を解釈する独自の心理学の領域が既にあったように、心理学でも様々な治療作用を及ぼす形態に関連する複雑な特性を多数展開していた。

　ノイトラは、もっぱら初期の精神分析理論に基づき、この母性の象徴と家の空間との間に直接的な類似点を見出した。しかしこのような主体と対象物間の相互作用に対する彼の理解は、心理学的手法を用いて分析する精神分析以前からある美学理論からも同じぐらい影響を受けていた。ノイトラの文章は、これら両極間を見境なく滑り渡っている。彼は下記の文章で、正常性と病理学との間に見られる精神医学上の差異を克服する必要性について述べるのだが、この差異を例えば建築形態の心理学と精神分析を通して着想した一種の病理学間の関係へと転換している。

「正常性」と病理学における人間関係の研究と実務では、精神医学を容易に分類することができるだろう。しかしこの分類に完全に納めておかなければならない理由もない。知覚及び中枢神経系統に明らかに影響を及ぼす、非人間的な物理的環境との個別の関係もある。これらふたつの分野間の境界は曖昧なので、これらふたつの主要な研究領域間のいかなる対立も軽率で、動機も不当である。逆に親密な協力さえ

あれば、病理学へと陥る危険性のある苦難を和らげ、軽減できる手段が多く得られる。

例えば、体質的なものから条件づけられたものにまで及ぶ防衛機制は、両方の領域に同時に関連する創造性の伴う治療状況である。[20]

ノイトラがとりつかれることとなる可変性の高い関係とは、病理学と正常性との間にあるものではなく、普通の人間にデザインが及ぼし得る病理学的効果を明らかにするようなものである。ノイトラにとっての防衛機制とは、すなわち人間の精神生理学上の体質を、彼が非人間的な環境と称するものによる不都合な条件づけから保護するものである。建築が無意識のうちに及ぼす効果から精神を擁護しなければならない状況下では、デザインが治療の一種となる。ノイトラによれば、建築を用いた防御の中でも最も実用的なのは、象徴的であるよりはむしろ感情的な形態であった。

内でもなく外でもなく　IN AND OUT FEELING

このように建築を心理学的に分析することと、建築的対象物と精神的対象物との歴史的融合の因果関係を理解するためには、〈感情移入〉の概念の移り変わりを振り返ってみるのが良い。今日の精神医学では、〈感情移入〉は一般的な用語となっており、大衆文化のおかげで人間たちの間にいるときはたいがい精神科医として機能する、感情を敏感に感じ取ることのできる全く異質な人種が生み出された[21]。〈感情移入〉そのものについてフロイトはほとんど文章を残していないのだが、1950年代には精神分析において技術上重要な用語となっていた[22]。

〈感情移入〉[アインフュールング] [▶5]という言葉は、美術史及び建築理論のうえでは同世紀のより早い時期の中心概念をなすもので、この19世紀及び20世紀初

▶5　Einfühlung：ドイツの哲学者ロベルト・ヴィッシャーが提唱した感情移入を意味する言葉。フロイトが信奉した哲学者・心理学者セアドア・リップスがこの概念を心理学の領域に発展させた。言葉の意味の変遷については、本文中で言及。なお原文でempathyと表された言葉は訳文で〈感情移入〉とし、Einfühlungと表された言葉はこれにアインフュールングとルビを付して区別した。

期美術理論史上の〈感情移入〉は広く研究されてきた（この段階の〈感情移入〉の影響がノイトラと関連づけられたことはいまだかつてないが、フロイトが一時期仕えたことのあるエリッヒ・メンデルゾーンと関連づけて引き合いに出されたことがある）。今度は、この美術史での用法は哲学から派生し、これ自体は19世紀中葉の心理学と生理学に依存していた。事実、この〈感情移入〉の系譜は、ノイトラがフロイトのことよりも多く話題にしたあるひとりの人物、実験心理学の創設者であったヴィルヘルム・ヴントに収束する★23。

　ノイトラにとって〈感情移入〉は、建築を生み出す過程で中心的な役割を担うものである。ノイトラが〈感情移入〉に見出していた手法上の意味合いを検討するには、まずこの用語から彼がどのような理論的な課題を思い浮かべていたかを理解しなければならない。1940年代にノイトラは、未発表のエッセー「感情移入−共感（Empathy-Infeeling）」を残しているのだが、これをここで長めに引用することで、多くが明らかになる。

愛に対して、またこの愛という至上の現象に至る個人的な「共感（in-feeling）」の初期段階すべてに対してさえあてはまるだろうふさわしい定義は、すなわち「ひとりの人間が、もうひとりの個人に対する刺激であるという認識によって好ましい刺激を受けること」。

　奇妙ではあるが、以下は相反することでは全くない。つまり、心を悩ます好奇心の強い男子は、女子から刺激を得ようと、あるいは刺激を受ける対象として女子を扱おうとするかもしれない。そのとき彼は彼女たちの刺激となる――あるいはそのように彼女たちに期待されている――からこそ、彼女たちの協力が得られるということを、ほとんど見逃しさえするのだ。彼自身が最優先する第一次の刺激（〈感情移入〉はほとんどない）に夢中になっていることにより、さらに大きな見込みのある第二次の刺激（生来備わる、繊細な〈感情移入〉のための条

件づけ）を取り逃しかねない状況にある。

　一般的に〈感情移入〉とは、実践に加え、偶然のまたは目的のある条件づけを通して具体的に生み出された、本質的な能力である。〈感情移入〉は同情（sympathy）に近いかもしれないが、いずれにしても他の個人との感情面における〈同一化〉[6]の度合いにおいては、同情をはるかに超越している。〈感情移入〉は実際、「まるで」ある者がそのもうひとりの個人であるかのように作用する、広範囲に及ぶ（神経や脳に関連する多くの含みを伴う）生理機能である。しかしながら、ほんのわずかな時間しか持続しない。これ以外のときにはある者は自身のままであり、連れ合いとする者への同情という、あの別の強力な経験を通じて、再度目覚ましい刺激を受けるのである。この状況は、「もう一方が片方に刺激され、そして今度は逆に片方がもう一方に刺激され」、まるで「振幅」のようである。

　——これと同じ振幅は、赤ん坊と母親間の関係としてさらにわかりやすく表現できるだろう。

　たいへんほのかにはかなく自覚するうちに、恋人は愛する彼女を母親がするように世話をしたいと感じ、同時に彼女にそうされたく思う。彼女は彼を自分が彼の母親であるかのように世話をしたいと感じ、また一方では彼に赤ん坊のように甘やかされたくも思う。

　普通のエロティックな関係であれば、わずかな時間の中でもこの振幅には限りない段階が認められるようで、感情の興奮の一部は、ふたつの対応する関係性が両極間で素早く変化することにある。この関係に病理学上の不均衡が発生してきた兆候が見られるようになると、この振幅はある段階で途切れ、微動だにしなくなる。恋人あるいは場合によっては最愛の人は、連れ合いに面倒を見られ、永遠の赤ん坊となる。こうなるともはや健全な大人のエロティシズムはなくなり、このカップル間だけでなく、家族全体にとっても窮屈な状況や結果をもたらしかねない[★24]。

[6] identification：無意識のうちに自分にとって重要な模範となる人の真似をし、その対象を取り入れる過程

建築家によって書かれたこの精神分析、神経学、心理学、生理学及び道徳のごちゃ混ぜになった文章は、無関係な原理への見るからにうわべだけの陶酔だけに基づく、建築理論特有の奇妙で特異な混合体のように思える。同時に、建築の従来の概念を明らかに超越する関心に間違いなく陶酔しながらも、〈感情移入〉に対するノイトラの関心には、この用語が心理学から美学、次いで精神分析から大衆文化へと巡り、そして最終的には建築に戻ってくる状況が反映されている。

〈感情移入〉と建築とのかかわりの歴史は、ヴントの『生理学的心理学綱要（Principles of Physiological Psychology）』に始まり、ノイトラはこの著書を何度も引用している[★25]。ノイトラが特に興味を示したのは、この著作でヴントが感覚器官及び自覚を科学的に扱った姿勢に対してである。ヴントは実務を哲学の形而上学から切り離していることを明確にし、心理学の実験的かつ臨床的な形態を発明したと主張していたのである。ヴントの研究所では、世の中の対象物がまずは脳で感知する一次的な興奮、次いでこれが感情となるまで、これを知覚の連鎖に沿って移動させるのに関与する、無数の段階を特定しようとしていた。この過程は継ぎ目のない作用として考えられており、相応な注意を向けて観察する主体から見れば完全に透明であった。ノイトラはこの過程に興味を持ったことで、長い間建築現象の基礎を感覚器官に求めようと試みてきた、あの建築家たちへの仲間入りを果たした[★26]。そのために彼は、例えばジョン・ロックやコンディヤック神父らの扇情的な哲学を研究していた。しかし、皮膚接触を通して得たデータが転送され、触覚の概念が導かれる過程は、18世紀の建築や哲学の文献では一度も取り上げられたことがなかった。同じように、触覚の概念のさらに広い経験や考えへの拡大は、たいがい連想という曖昧な過程に委ねられていた[★27]。このように20世紀の変わり目の建築家にとって、ヴントの神経末端、神経節、網膜の調節及び皮膚表面に急増する感覚

受容器についての議論は、革新的なまでに正確であり、頼もしく身近なものであった。

　研究者たちの間で、ノイトラのヴントに対する関心が今まで注目されることがなかったのは、さもなければフロイトが支配していた世紀末ウィーンという背景の中で、ヴントは時代遅れであるように思えることも、理由のひとつである。だが、ノイトラからすればヴントの生理学的心理学には、建築を近代化するための道具となるものが含まれているように思えたのである。仲間たちが、建築計画と構造を合理化することで建築実務を客観化しようと試みていたときに、ノイトラは反対にヴントを通して身体とその知覚の即物主義（Sachlichkeit）の概念を生み出そうとしていた★28。ノイトラがこのようなことに取り組めたのは、ヴントが〈感情移入〉の概念を介して既に建築の領域に入り込んでいたからである★29。〈感情移入〉は美学と美術史において、知覚する者と知覚される対象物とを繋げるのに用いられた主要概念であった。〈感情移入〉は広く議論され、忘れられさえもしたけれど、20世紀に入ってかなり長いこと、建築を心理学的に分析するうえでの媒体として生きながらえることとなった★30。

〈感情移入〉の理論化において最も知られているセアドア・リップスは、人は対象物に感情を〈投影〉し、「自己の具現化を味わう」ことができるのだと言った★31。この「モノに感情を入れる」過程から美学上の喜びが得られるのは、知覚の興奮が感情へと転換されたからである。この現象がどのように起こるかについては、19世紀後半の数十年間、詳細に熱く議論されたのだが、この過程は従来の表現形式を逸脱していたので、特に建築に興味ある者が飛びついた。建築形態心理学者として最も良く知られることとなるハインリヒ・ヴェルフリンによると、見る者の感情は対象物に〈同一化〉した身体の〈投影〉として入り込む。彼は、「建築躯体」に関して、「過剰な荷重に屈したときに及ぶ影響は場合によってはあまりにも強力で、この影響を受けた

形態が実際に苦しんでいるかのように私たちが思い描く」様子を説明した★32。ヴェルフリンは建築の構造及び線形性の側面に注目し続けたのだが、〈感情移入〉という考えが空間に適用されるにつれ、さらに建築の中心をなす概念となっていった。これを受けて、アウグスト・シュマルゾー、のちにはヴィルヘルム・ヴォリンガーのような美学理論家らは作品で、空間自体を〈投影〉された感情を受け入れる器として扱った。

〈感情移入〉を主題とする数多くの文献の詳細はここでは関係ないことではあるが、この用語の定義が著しく変化したにもかかわらず、重要な要素が二点しつこく残った。ひとつに、〈感情移入〉という概念によって身体が美の喜びの前面へと持ち出されたことが挙げられる。〈感情移入〉という用語を生み出したロベルト・ヴィッシャーは、フロイト以前の夢診断や無意識の理論への関心が高かったのだが、にもかかわらず、精神〈投影〉の概念を知覚の生理学に根ざしていた。例えばヴントによると、筋肉と神経系の機能が影響を受けるのは、刺激の形式的特性からであり、かたちによっては心地よさ、また別のかたちによっては不安が神経の働きにもたらされるのであった。シュマルゾーによる〈感情移入〉の考えの空間への適用が、人間はあらゆる囲い込みに対してxとyの両軸に関係づけられた方向性を与えるという考えに基づいていたように、ヴェルフリンの身体形式主義は、ヴントの唱えるそのような原理を基礎とした。このように〈感情移入〉を通して美学は、ヴントが「精神生活の身体的基盤」と呼ぶものと、繋がりを得たのだ★33。

このことに関係するが、〈感情移入〉に関連して持続した二点目とは、これ自体が直接的な表現上の意味合いを持つとは決して理解されなかったことである。〈感情移入〉の伴う〈同一化〉過程において、身体はひとつの評価基準となった一方、〈感情移入〉のうえで人間の身体の姿に関心は持たれなかった。その代わり〈感情移入〉によって、感

覚や感情がどのように形態の表面に出現するかが説明される。すなわち〈感情移入〉とは、主体の内側にあるものが現象の対象物の外側に現れる、表現上の反転及び閾下知覚への働きかけの一種であった。例えばヴントは、身体の働きは精神の中に外界が存在することを可能にする、実証的で物質的な現象であると主張した。ヴントにとって身体とは、知覚現象のさらなる抽象化を介して、意識を容認する道具であった。一方でヴィッシャーは〈感情移入〉を、身体において「心地よい形態を認識すると、喜びの感覚がもたらされる」媒体として理解したが、同時に美術を「どちらかというと隠され、限定的であるがゆえに、表情豊かな物理的形態に満足していない」と理解した[34]。いったんシュマルゾーが、〈投影〉を通して数々の感情を客観化するだけでなく空間にも適用できることを実証してしまうと、空間自体が抽象的な精神状態を内包する手段として出現した[35]。1908年にヴォリンガーが〈感情移入〉を求める衝動を、「空間への恐れ」の克服と同一視したように、アロイス・リーグルは、平面としてよりもむしろ立体として発想された建築の展開を精神的成熟と結びつけたのだった[36]。

〈感情移入〉は、精神に回り道させることで身体を空間に結びつけた。実際20世紀初頭には、人間の身体を対象物と融合させたいと思う欲望が、空間に圧倒されないでいたいと思う欲望を明らかにし始めた。〈感情移入〉が哲学的及び心理的な論考から離れ、美術理論の論考へと入り込む段階になると、主体を空間に〈投影〉するという考え自体が、様々な種類の不安や空間恐怖症を生み出すようになった。〈感情移入〉は、形態心理学から見ると広場恐怖症の前触れであった[37]。このように、リーグル、ヴォリンガー、カミロ・ジッテや他の者にとって空間とは、感情をきちんと受け入れずに不安を逃す精神〈投影〉のための多孔質の器であった。世の空間は喜びの興奮をもたらすのではなく、むしろ圧倒し、消費し、吸収しようと凄むのだった[38]。言い換えれば、それももっともなことであるが、〈感情移入〉と広場恐

怖症が深層心理学において一体化されると、〈感情移入〉は防衛手段となった。フロイトは、エッセー「機知 その無意識との関係」では、「注目すべきなのは、われわれが劣った人間を滑稽だと感じることができるのは、ひとえに〈感情移入〉した場合だけ、したがって他者に対してだけだという点である。かたや、もしわれわれ自身が彼と同じような困った事態に遭遇した場合には、おそらく不快感しか意識しないだろう。不快感をわが身から遠ざけることで初めて変動する備給(カセクシス)の比較から生じる差分を快として感じることができるだろう」★39と書いた。〈感情移入〉の精神分析上の機能のひとつは、ある対象物の中に身体に喜びをもたらす親密な関係に「感じ入る (feel into)」というよりもむしろ、感情を一次的に他の場所に置くことで感情を抑制することにあるのだ。

　フロイトにとっての〈感情移入〉には、ヴントの信奉者にとってと同様に〈投影〉が伴った。しかし〈感情移入〉の美学／心理学上の概念とは異なり、フロイトにとっての〈感情移入〉的〈投影〉とは、人間の感情を対象物に意識的に授けることではなく、内在的な衝動に対する無意識の防衛である。ゆえに精神分析によって〈感情移入〉という行為は、身体的基盤に根づく感情を生気のない対象物へ〈投影〉することから、他の主体への防衛的な感情の〈転移〉へと転換された。このようにして〈感情移入〉はフロイトにとって「間主観的」なものとなり、のちの精神分析理論上、母子間の、及び患者と精神分析医間の関係を描写する際の中心テーマとなるのだった。例えば〈感情転移〉▶7のまさにこの〈感情移入〉という側面によって、分析医は客観性を保ちつつ被分析者の感情に圧倒されないようにまもられながら、〈投影〉を介した〈同一化〉を通して患者を理解できるのである。

　ノイトラの〈感情移入〉に関するエッセーには、これらの多様な伝統的な観点が混ざり合わさっている。一方でノイトラの〈感情移入〉が「(神経や脳に多方面でかかわる)広範囲にわたる生理学的機能で」、

▶7 transference：患者が、過去に重要な意味を持っていた人物との関係を通して得た感情・観念・行動や対人関係を、たいがいは精神分析医である他者に移し、置き換えること

「一般的に〈感情移入〉とは、実践に加え、偶然のまたは目的のある条件づけを通して具体的に生み出された、本質的な能力」であるとの主張は、ヴントのことを思い起こさせる★40。他方で〈感情移入〉を、現象に関連する対象物についてよりはむしろ、精神に関連する主体間の関係を描写するのに用いる際に、精神分析的な視点を導入している。すなわち、最初の〈感情移入〉の体験は母子間のものであり、これが今度は「普通のエロティックな関係」の手本となる。しかしノイトラは、これらの明らかに比較できないほど多様な種類の〈感情移入〉を組み合わせることによってのみ、〈感情移入〉に伴う沈思黙考の喜びを審美的対象物からエロティックなもう一方へと、別の場所に移し変えるのである。実際、ノイトラはエッセーを通して、形態心理学の文献には隠蔽された及びフェティシズムの対象となるエロティシズムがかなり含まれていることを強調し、これらをどぎつくかつ露骨に異性愛的なものとして示すのである★41。このようにノイトラの言う〈感情移入〉は、ヴントが定義した精神機能の身体的基盤に依存しながらも、身体のこれら形式的かつ生理的な特徴に、欲望という〈リビドー〉▶8から生じる秩序を付け加えている★42。

　この数々の〈感情移入〉の蓄積が、建築における〈感情移入〉(アインフューレング)の含意を増強することとなった。ノイトラは、彼の建物それも特に住宅を、彼自身と顧客たちとの間の〈感情移入〉の伴う繋がりの媒体として捉えていた。初期の美術理論用語として使われた〈感情移入〉では、対象物に含まれる感情が芸術家あるいは鑑賞者のいずれによって〈投影〉されたものであるかは、決して明らかでなかった。建物の空間は、むろんこのような〈投影〉が入り交じる現場として想定されていなかった。しかしノイトラにとって住宅は〈同一化〉を通して、建築家と顧客間のエロティックになりかねない関係を予防的に許容する一種の手法と同時に、これに対する防衛策となった。事実、ノイトラという特定の事例及び〈感情移入〉の歴史は、建築と精神分析文化間の接触に

▶8 libido：フロイトが定義した、人間が生まれながらにして持つ性欲動を指す精神的エネルギー

よって生じた、さらに広範囲に及ぶ影響の氷山の一角でしかない。20世紀中葉までに建築という対象物には、〈投影〉の様々な過程を通して、大量のしかも多様な心理学的な意味合いが心的エネルギーとして注入されていた。これに対して建築対象物は、精神とその作用を明らかにしながら同時に隠す数々の方略で応答した。この発展の度合いは、一般には人間と住宅間の関係、具体的には顧客と建築家間の関係が、ますますエロティックになってきたことに見てとれる。

漂うロマンス　ROMANCE IS IN THE AIR

ノイトラがコンスタンス・パーキンズのために1954年に完成させた家は、〈感情移入〉が間に入ったことにより建築が建築家と顧客と戦後住宅間の三角関係へとどのように転換されたかを検証できる、理想的な事例である★43。この家は、戦後期にノイトラが人気を博するようになった建物種の典型例である[図8]。家は、垂直面と水平面と線からなるデ・スティール派のような外壁で通りから遮られ、内部は頑丈な壁と透明な壁の変化に富む配置により隠された、箱のような構成となっている。寝室は部屋の性格からして閉鎖的で背面側に置かれているのに対し、共用空間であるリビング・ルームは大きなガラス張りの隅部を介して、景観へと開かれている。材料の色彩には、アルミニウム塗料の銀色とメイソナイト▶9や木部の落ち着いた茶系色が、組み合わされている。平面の連続性と床面の簡潔さに加えて、造り付けの家具、顕わな梁や照明類により天井面に起伏がもたらされると、部屋は部分ごとにますます複雑になってくる。この家は、他の良く知られた建物よりも小さく、それほど豪華でないにもかかわらず、1950年代後期には出版物に広く掲載された。

　パーキンズ邸は、「ノイトラ作品のうち、インテリアが最もロマン

▶9　Masonite：断熱材、室内仕上げ、間仕切りなどに用いる繊維板の商標

図8　リチャード・ノイトラ、パーキンズ邸、パサディーナ、1955年

ティックな家である。ここでは建築と自然とが、稀なほど表情豊かに美しく共存している」と説明されてきた[★44]。確かに形態心理学のうえでは、建築と自然との関係にロマンスを〈投影〉しても受け入れられるだろうが、この家にはそれほど認知されていない他の種のロマンスも見出せる。ノイトラは傲慢であるとよく言われるのだが、彼に言わせれば、顧客となった女性の誰もが、彼特有の非常に優美な〈感情移入〉の感覚に感化され、彼に恋してしまうのであった。1953年には、「いったいどうして私は、これほど〈感情移入〉を授けられていることを自覚できるのであろう。私は大勢に好かれている。それもすべての顧客にだ。いやそれ以上に、彼女たちは私のことをほとんど溺愛するようになり、私も彼女たちに対して同じ気持ちを抱く。これはまるで、たいがいは間違いなく幸せな結末を迎える情事のようだ。私自身気取ったところはほとんどなく、勇敢でも堂々としているわけでもないのだが、なぜか私は特に女性たちの間では過大視されるようになる。そうなるように努力しているわけでもない。知らぬ間に起こるのだが、ただ分析的に批評的にこの事態を記憶にとどめようとしている。すなわちこのようなことは起こるのだ、と。私が引き受けたこの勇気ある行動は、ちょっとした悲劇でもある」[★45]と、書いている。ノイトラのことを「実にすばらしい建築家」だと考えた若い未婚女性パーキンズは、このような〈投影〉にまさにかっこうな標的だった。さらにパーキンズは、家の設計に異常なほど深くかかわり、建築家を選ぶ段階ではまるで伴侶を求めてお見合いサービスを利用するような意気込みであった。「彼のもとに行き、生活という非常に繊細で複雑な問題の取り扱いについて、何か気の合うところがあるかどうかを見極めるのです」[★46]。パーキンズとノイトラは、いわゆる恋愛関係にはならなかったが、両者の繋がりは、顧客と建築家との間の単なる仕事上の関係をゆうに超えていた。

　彼らの関係の行き過ぎた部分が、家自体に入り込んできた。つまり

ノイトラとパーキンズは直接的なかかわりを持たなかったが、家が彼らの〈感情移入〉の対象物、すなわち精神〈投影〉の受け皿となるにつれて、家との恋愛関係を共有するようになった。パーキンズはノイトラに、ただの家を造るのではなく、ホームシックになってしまうほどに好きになれる環境を、自分のために造って欲しいと頼んだ★47。彼女はこの家を通して、支配的な母親の記憶から、また最近亡くなった父親を悼む気持ちから解放されたかった。彼女だけの家を持ちたいという欲望は、それまでの精神的敗北を癒す手段として、また子供の頃からの夢を実現するために、さらには新たに人生を始めるためでもあると説明した。まるでフールズ・タワーの狂人たちが建築療法を受け、アメリカでは何千人もが精神分析のための特別な部屋で寝椅子に横たわるように、パーキンズは癒しの家を求めていた。ノイトラ自身もこの家に癒されたかったので、「気落ちしているときはいつも」パーキンズ邸を訪れるのであった★48。私がここで言いたいのは、ノイトラはパーキンズの医者と精神分析医であると同時に話を聞ける親友になりたかったのだ。この家は彼らの夢の家というよりはむしろ、彼らの夢を実らせる場であり、彼らの間に存在するムードを高めるもの、さらには自己分析のための手段であった。

　このような手段となり得るのは、この家の設計の特殊性による。パーキンズ邸をミッドセンチュリー・デザインの代表例たらしめる数多くの特徴により、この家は第1章で述べたような意味合いからもただのモダンではなく、とりわけ現代的である。ロヴェル邸では、骨組によって支持される構造がまるで説教するかのように強調されていたのに対し、ここでの平面は、実体としての建物をなくそうとしたり、教えこもうとするのではなく、囲んで隠すものに取って代わっている。インテリアを通じて念入りに醸し出される印象は、無限の空間性というよりは、環境による束縛である。最も効果的に用いられているガラスは、その透明性を通して建築の真実性を明らかにしようとはせず、

むしろまるで雰囲気を生み出す特殊効果用機器のように作用する。

　パーキンズ邸は、精神分析的というよりは〈感情移入〉の傾向の強い家であり、モダニズムで「恐れられる」空所を、圧倒されるほどの興奮に満ちた雰囲気で埋めようと試みたのであった。コンスタンス・パーキンズの〈投影〉をノイトラの〈投影〉と手当たり次第に絡め合わせることにより、パーキンズ邸はただの空間ではなくなった。それは、興奮と感情の両方に満ちた生活を納める場所となったのである。パーキンズは、「生活とは人生のあり方です。これを満たすためには、人間に授けられたすべての感覚をチクチクと刺激する環境、すなわち秩序ある考えを方向づけられるような、とりわけ秩序ある環境が必要なのです」と書き記している★49。ノイトラは、〈感情移入〉できる建築を通してこのような「チクチクする刺激」を喜んで提供した。この家は、「人間のようにこれほど高度に発達した生物であれば、それぞれ個別の境界と表皮にくるまれ、自然という檻に囲い込まれてきた背景ゆえに対峙しなければならない〈個性化〉▶10 あるいはあの孤立化を、一時的に克服するもののようである。共感した愛の神エロスが、あちこちの扉を開き、看守をだますかのようだ！」★50。戦後アメリカの住宅の療法上の狙いは、空間の古典的な理論的枠組に基づく抽象芸術作品を環境という感情の世界へと開け放ったときに、新たな段階に突入した。パーキンズ邸には、パーキンズとノイトラ両者の気持ちがはっきりと表されていた。つまり、モダニズム住宅という抽象芸術作品をこの場合、ロマンスの雰囲気で満たしたのだった。

　この演出の効力は、パーキンズの家の使いこなし方の変化から見て取れる［図9］。彼女は最後には、寝室で寝なくなっていた。徐々に彼女は、家の中でも設計上最も造り込まれていて、環境として最も存在感のある部分のとりこになっていった。彼女はノイトラのことを、夫を選ぶのと同じように選んだのかもしれないが、──建築家ではなく──家が結局彼女の恋人となってしまった。彼女はここで暮らした月

▶10 individuation：個人が社会に対して見せる偽りの顔を脱ぎ捨て、自由になって活動すること

図9　リチャード・ノイトラ、パーキンズ邸

　日のほとんどを、家の中の共用部分で過ごし、またここで寝さえした。最大の効果を発揮する家に彼女が浸ることができたのは、蜘蛛の足状(スパイダー・レッグ)になった隅部においてであった。ここのソファの上で寝た。フロイトは精神分析医の顔を無表情な鏡に例えたが、パーキンズが代わりに欲したのは、〈感情移入〉できる鏡であった。彼女はその鏡を精神分析医の顔にではなく、建築の隅部に見つけていたのだ。
　以下の研究で詳細に追究するが、この〈感情移入〉できる家では、建築が精神分析という複雑な文化を取り込むために開発した多様な技法を駆使している。ここ何百年の間にわたり、精神の理解の方法や度

合いにおいては顕著な差異が見られたものの、心理学関係の診療所の多様な現場では、都市における存在感（またはこの欠如）あるいは透明性という形式の意識的な操作に頼ってきたという点において共通している。それぞれの機関ごとに矯正目的や手法は異なっていたが、かたちづくられた環境をはっきりと療法の一環として捉えていた。本研究にとって最も重要なのは、心理学的な分析の影響下にある環境の療法にかかわる側面が、徐々に直接的な象徴性あるいは他の表現方法に頼らなくなってきたことである。20世紀中葉のロサンゼルスにおいて近代性は、もはや集約されたものではなく、むしろあちこちに点在する郊外の建物に分散しており、このような環境こそまさにノイトラと顧客たちにとっては癒しの場であった。

第3章 注

★1 "L. A. Homes Said Tops," Mirror Spotlight Interview with Richard J. Neutra, *Los Angeles Mirror*, March 4, 1954。
★2 Peter Haiko, Harald Leupold-Lowenthal, and Mara Reissberger, "The White City. The Steinhof in Vienna: Architecture as a Reflection of the Attitude towards Mental Illness," *Sigmund Freud House Bulletin* 5, no. 2（Winter 1981）, 10-40を参照。
★3 Michel Foucault, *Madness and Civilization: A History of Insanity in the Age of Reasons*, Richard Howard訳（New York: Pantheon, 1965）を参照（邦訳：ミシェル・フーコー著、田村俶訳『狂気の歴史 古典主義時代における』新潮社、1975）。
★4 建築的特徴と認識しやすさについては、Sylvia Lavin, *Quatremère de Quincy and the Invention of a Modern Language of Architecture*（Cambridge: MIT Press, 1992）及び Anthony Vidler, *The Writing of the Walls*（New York: Princeton Architectural Press, 1989）を参照。
★5 フールズ・タワーは現存し、病理解剖学の博物館として公開されている。
★6 オットー・ワーグナーについては、Werner Oechslin, *Otto Wagner, Adolf Loos, and the Road to Modern Architecture*, Lynette Widder訳（Cambridge: Cambridge University Press, 2000）; Heinz Geretsegger, *Otto Wagner 1847-1918; The Expanding City: The Beginning of Modern Architecture*（Richard Neutra序文）, Gerald Onn訳（New York: Rizzoli, 1979）; Elisabeth Koller-Glück, *Otto Wagners Kirche am Steinhof*（Vienna: Edition Tusch, 1984）; 及びOtto Wagner, *Modern Architecture: A Guidebook for His Students to This Field of Art*, Harry Mallgrave訳（Santa Monica: Getty Center for the History of Art and the Humanities, 1988）を参照。
★7 異なる文脈における同様の現象についての優れた論考として、Leslie Topp, "An Architecture for Modern Nerves: Josef Hoffmann's Purkersdorf Sanatorium," *Journal of the Society of Architectural Historians*（December 1997）, 414-437を参照。
★8 シュタインホフは今日もウィーンの主たる精神病院である。空間と偽装との関係については、Roger Caillois, "Mimicry and Legendary Psychasthenia," *October, The First Decade, 1976-1986*（Cambridge: MIT Press, 1987）, 58-74所収を参照。
★9 この病院はノイトラが工科大学（Technische Hochschule）への入学を出願した前年に完成している。ノイトラのワーグナーとの関係については、Hines, *Richard Neutra*, 18-20を参照。
★10 明らかに家庭を装った初期の精神科医の診察室に特徴的な雰囲気は、アンナ・フロイトの部屋では特に顕著である。ジークムント・フロイトの診察室と書斎には、患者たちが直接入ることができたのに対し、アンナ・フロイトの患者たちは彼女の寝室を経なければ、診察室にたどり着けなかった。
★11 ノイトラによるホールの著作*The Hidden Dimension*の評価については、第8章でさらに言及する。

★12 Donald Woods Winnicott, *The Maturational Processes and the Facilitating Environment: Studies in the Theory of Emotional Development* (London: Hogarth, 1965) を参照。ウィニコットはエッセー "The Place Where We Live," *Playing and Reality* (New York: Basic Books, 1971) 所収では、外在的な現実を重要視する行動主義者の理論と、いかなる外部の力も実在しないとみなす内部状況に限定された理論との間に中間領域を定義することで、心理学をさらに環境学に近づけた。Peter L. Rudnytsky, *The Psychoanalytic Vocation: Rank, Winnicott and the Legacy of Freud* (New Haven: Yale University Press, 1991) も参照。

★13 精神分析の歴史については、Hale, *The Rise and Crisis of Psychoanalysis*; Ellen Herman, *The Romance of American Psychology: Political Culture in the Age of Experts* (Berkeley: University of California Press, 1995); Stephen A. Mitchell and Margaret J. Black, *Freud and Beyond: A History of Psychoanalytic Thought* (New York: Basic Books, 1995); Philip Cushman, *Constructing the Self, Constructing America: A Cultural History of Psychotherapy* (Reading, Mass.: Addison-Wesley, 1995); Michael S. Roth, ed., *Freud, Conflict and Culture: Essays on His Life, Work and Legacy* (New York: Knopf, 1998) を参照。

★14 エレン・ハーマン (Ellen Herman) は、第二次世界大戦後の展開を下記のように説明する。「心理学的支援はとても広く定義づけられていたので、誰もがこれを必要とした。精神衛生は、個人の健康状態だけの問題ではなく、社会福祉と経済成長に必要不可欠なものとなり、アメリカでの生活のあらゆる側面が、それが公的であろうと私的であろうと、臨床医たちの手の及ぶところに位置することとなった」(*The Romance of American Psychology*, 311)。

★15 メアリー・ビアードからディオーン・ノイトラ宛書簡、1958年11月24日、カリフォルニア州立工科大学 (California State Polytechnic University) 所蔵、ディオーン・ノイトラ文書。自ら所有するこの手紙の写しを利用させてくれたトム・ハインズに感謝する。

★16 ノイトラはカール・メニンガー (Karl Menninger) と頻繁にやりとりをし、彼のカンザス州トピカの診療所では講演もした。ここでの診療は家族単位を中心としていたので「環境(ミリュー)」治療と呼ばれていた。ノイトラはメニンガー診療所の支部でもあったハッカー財団をも訪れた。この財団は、心理学と美術、科学の歴史と哲学及び社会学との関係に特に関心があった。ノイトラによりハッカー財団で1953年11月4日に行われた講演が「創造過程 (Creative Process)」と題された原稿として、ノイトラ・アーカイブに残されている。

★17 ロサンゼルスでは、早くから開業した精神分析医の診療所の多くが、ブレントウッドのタイガーテイル地区内の住宅に置かれた。20世紀半ばまでにこの地域は現代デザインを多く育み、クインシー・ジョーンズのクレストウッド住宅団地開発、フランク・ロイド・ライトのスタージス邸、他にも数多くのモダニズム建築が近くにあった。これらのインテリアでは、フロイトの骨董趣味やヴィクトリア調の感性は毛嫌いされたので、フロイトの有名な診療所とは全く異なるものとなった。これら治療の場では、代わりにモダンデザインが増殖した。精神分析医の診療所では、イームズのラウンジチェアがあちこちで見られるようにな

り、この人気は今日まで続く。事実、精神分析はこのラウンジチェアそのもののように、多くの場合その存在は気づかれることもなく、アメリカの生活にありふれたものとなった。これは、カリフォルニア・モダンが戦後のインテリアデザインの標準となり、近代の専門家気質の指標となった、まさに同時期のことであった。

★18 K. Gabbard and Glen O. Gabbard, *Psychiatry and the Cinema* (Chicago: University of Chicago Press, 1987) を参照。

★19 *Civilization and Its Discontents*, ed. James Strachey (New York: Norton, 1961) でフロイトは、「文章はもともと不在の人物の声であった。住居は、安心してくつろげる最初の宿であった母親の子宮の代用であり、人は恐らくいまだこれを求めているのだ」(38) と記した。

★20 Richard Neutra, Ideas, 1953年10月28日, ノイトラ・アーカイブ所蔵。

★21 この現象の一種として最も知られているのは「スタートレック」のシリーズに出てくる「エンパス (empaths)」と呼ばれる、カウンセラーの役割を果たす宇宙人である。マーク・ジャーゾムベック (Mark Jarzombek) が、この関連性について彼の重要な研究で最初に言及した。*The Psychologizing of Modernity: Art, Architecture and History* (Cambridge: Cambridge University Press, 2000), 59。

★22 Ralph R. Greenson の *Explorations in Psychoanalysis* (New York: International Universities Press, 1978), 147-163 に掲載の "Empathy and Its Vicissitudes" (1960初刊) を参照。

★23 ヴィルヘルム・ヴントは、近代の建築思想の歴史においては、非常に影響力が大きいながらもとらえどころのない人物である。19世紀末の心理学的美学と美術史分野の発展においては、とても重要な役割を果たしたのであるのだが、建築界においてヴント自身はいまだそれほど知られていない。ノイトラにとって、また私の論考にとって最も深いかかわりのある重要な文献は、Wundt, *Principles of Physiological Psychology* (『生理学的心理学綱要』), ed. E. B. Titchener (1874; London: Sonnenschein, 1910) である。下記も参照。

★24 Richard Neutra, "Empathy-Infeeling," Ideas, box 193, vol.1, ノイトラ・アーカイブ所蔵。

★25 ヴントに関する比較的新しい研究については、Wolfgang G. Bringmann and Ryan D. Tweney, eds., *Wundt Studies: A Centennial Collection* (Toronto: C. J. Hogrefe, 1980); Daniel N. Robinson, "Wilhelm Wundt," Robinson, *Toward a Science of Human Nature* (New York: Columbia University Press, 1982) 所収; Morton Hunt, "First among Equals: Wundt," Hunt, *The Story of Psychology* (New York: Doubleday, 1993), 127-143所収を参照。

★26 特に、コンディヤックが18世紀文化に及ぼした影響については、Isabel Knight, *The Geometric Spirit: The Abbé de Condillac and the French Enlightenment* (New Haven: Yale University Press, 1968) を参照。

★27 関連性については、第1章★3を参照。

★28 これがノイトラがのちにバイオリアリズム (bio-realism) と呼ぶものの基礎となった。

★29 ヴントと感情の歴史との繋がりについての研究は、*Empathy, Form and Space: Prob-*

lems in German Aesthetics, 1873-1893*, Harry Mallgrave、Eleftherios Ikonomou訳 (Santa Monica: Getty Center for the History of Art and the Humanities, 1994), 15, 23を参照。

★30 感情と近代建築の理解のために欠かせないのが、Jarzombek, *The Psychologizing of Modernity, and Empathy, Form and Space*である。特にマルグレーヴによる序文が重要で、私の論考はこれに負うところが大きい。

★31 Empathy, *Form and Space*, 29で引用。

★32 Jarzombek, *The Psychologizing of Modernity*, 43で引用。

★33 ヴントの*Principles of Physiological Psychology*(『生理学的心理学綱要』)の第一巻(Part 1)の副題は、"The Bodily Substrate of Mental Life"(「精神生活の身体的基質」)である。

★34 Robert Vischer, "On the Optical Sense of Form," in *Empathy, Form and Space*, 104。

★35 ヴィッシャーのように他の者も空間について語ったが、ヴィッシャーは空間自体というよりは、空間が対象物の認知に対してもたらす影響に関心があった。

★36 Wilhelm Worringer, *Abstraction and Empathy: A Contribution to the Psychology of Style*(『抽象と感情移入』), M. Bullock訳(1908; New York: International Universities Press, 1963), 47. Alois Riegl, *Late Roman Art Industry*, Rolf Winkes訳(Rome: G. Bretschneider, 1985), 特に19-31も参照(邦訳：アロイス・リーグル著、井面信行訳『末期ローマの美術工芸』中央公論美術出版、2007)。

★37 広場恐怖症に関しては、膨大な量の文献がある。建築の視点からの優れた入門書として、Esther da Costa Meyer, "La donna è mobile," *Assemblage*(December 1995), 6-15を勧める。

★38 ヴォリンガーとリーグルは、人間が空間の恐怖を克服することができる建築を、特に心理学上発達した形態として理解した。ヴォリンガーとリーグルによると、原始文化では世界の空間に呑み込まれることを恐れていたので、恐怖を鎮めるために頑丈で平らな建物を建てたのだった。

★39 Sigmund Freud, "Jokes and Their Relation to the Unconscious"(1905), *The Standard Edition of the Complete Psychological Works of Sigmund Freud*, ed. and James Strachey訳, vol. 8 (London: Hogarth Press, 1960), 197(邦訳：フロイト著、中岡成文監修「機知 その無意識との関係」、『フロイト全集〈8〉1905年 機知』岩波書店、2008、317-323所収。訳文は邦訳より引用。〈 〉とルビは訳者が加筆）。

★40 Neutra, "Empathy-Infeeling," 3。ノイトラは習慣作用についての考えも、空間認識の過程は習得する技術として、すなわち習慣と反復により発展すると主張するヴントから得た。Robinson, "Wilhelm Wundt," 374-375を参照。

★41 特にヴェルフリンとの関係を取り上げた、形態心理学のこの側面についての論考として、Mark Jarzombek, "Describing the Language of Looking: Wölfflin and the History of Aesthetic Experientialism," *Assemblage* 23 (1994), 28-69を参照。

★42 ノイトラにとって身体は、感情移入のような精神現象が起きる場所であり、発生源でもある。

★43 この家に関する詳細にわたる優れた考察は、Alice T. Friedman, *Women and the Making of the Modern House: A Social and Architectural History*（New York: Harry N. Abrams, 1998）, 160-188中、ノイトラとパーキンズに充てた章 "Southern California Modern: The Constance Perkins House, by Richard Neutra" に見られる。この重要な文献は、ノイトラの顧客とのかかわり方及び設計過程における彼らの特異な役割について初めての実質的な言及である。この家についての私の短い論考は、このフリードマンの研究、特にパーキンズへのインタビューと彼女がパーキンズの私文書から得た情報に基づいている。フリードマンの目的は、重要なモダニズム住宅において女性たちの施主としての役割、すなわち設計における役割が全体的に抑制されていたことを明らかにすることにあったので、結果的にノイトラとパーキンズとの関係の特殊性を強調することとなった。しかし私の目的は、ノイトラと彼の顧客についてだけでなく、変化しつつある建築家と顧客間の一般的な関係の性質を明らかにすることにあるので、反対にこの関係の典型性を根拠にする必要がある。
★44 同上、165。バンハムはさらにこの時代の家の多くは、戦前の作品と比べて「ディテールがそれほど細身でないことから、心地よくロマンティックである」と主張した。Reyner Banham, *Los Angeles: The Architecture of Four Ecologies*（Harmondsworth: Penguin, 1971）, 194を参照。
★45 Neutra, "Woman Makes Man Clear," タイプ原稿、11-13、ノイトラ・アーカイブ所蔵。
★46 ノイトラ・アーカイブには、パーキンズとノイトラの事務所との間で取り交わされた書簡が多数所蔵されている。中には、「好き嫌い（Likes and Dislikes）」のリスト、1955年8月12日付に加え、同日付でノイトラに送られたパーキンズの7ページ綴りの自伝タイプ原稿もある。
★47 パーキンズは自伝を以下の文で締めくくっている。「私が欲しいのは、ホームシックに思えるほどに私の生活と感情の一部をなす家庭である」パーキンズ、「自伝（Autobiography）」、ノイトラ・アーカイブ所蔵。パーキンズはさらに「愛することのできない環境の中にどうして住む必要があるだろうか？」とも問うた。Friedman, *Women and the Making of the Modern House*, 163に掲載。
★48 パーキンズの言葉。Friedman, *Women and the Making of the Modern House*, 162で引用。
★49 同上、184。
★50 Neutra, "Empathy-Infeeling," 2。

第 4 章
BIRTH TRAUMA
出生時のトラウマ

住まいは、母親の子宮の代用であった。

ジークムント・フロイト、
『文明とそれの不満』[1]

まるで精神療法　THE THERAPEUTIC SITUATION

ノイトラのコンスタンス・パーキンズとの過剰とも言える関係は、精神分析時代になって建築に生じた変化のひとつの症状である。建築が精神分析的に扱われるようになった最初の段階では、建築家と顧客との関係は配慮されなかった。焦点が当てられてきたのはむしろ、その象徴性や空間計画面に治癒効果が期待できる精神病院や一般病院のような建物種であり、または審美の対象物との主観的な相互作用という、もっと抽象性の高い問題のいずれかであった。第二次世界大戦後のアメリカでは、このような伝統的な考えが新たな療法へと織り込まれ、今までとは異なる新たな家庭環境を精神分析の対象とする、多様な〈投影〉に対して家を開け放った。事実、感情移入できる家は正確には、発展しつつある精神分析的な関係における〈感情転移〉の対象物であった。家は常に、家庭生活についての意識的な考えが無意識に配置されてきた場所であったのだが、精神分析時代になると、家は意識的に移し替えられた基本的な家庭内関係の無意識の要素を受け入れる容器となった。従って、ノイトラとパーキンズとの間の感情的な親密さの本質は、特定のふたりの人格の偶然の合致に起因したものではなく、

▶1　邦訳：ジークムント・フロイト著、湯田豊訳『文明とそれの不満』北樹出版、1998年

図10 「施主の声に耳を傾けるノイトラ」
リチャード・ノイトラ、「タイム」誌、1949年8月15日号

　またノイトラの実務固有のものでもなかった。むしろこれは、建築家と顧客と住宅間の関係全般の再構築の一環であった。デイヴィッド・リースマンが1950年の著書『孤独な群衆 変化するアメリカの性格に関する研究』に記したように、「建築家が勇気づけと、後押しさえすれば、人々は家を住み手に合わせていくことを受け入れるようになっているかもしれない。このためにはまず、住み手である自分たちが何者であるのかを見出さなければならない」のであった[★1]。

　ノイトラは家の設計を依頼してきた顧客に対する建築家の役割を、意図的に精神を病んだ患者に対応する精神科医に倣って演じた[図10]。ノイトラは、〈感情転移〉を通して精神分析医が身につけた心理学上の絶対的な権威としての役割、並びにアメリカのプロ意識の作用によ

って生み出された家庭生活の専門家としての役割を自ら担った。ここで最も肝心なのは、彼がこの立場をあからさまにしようとしたことである。すなわち、かつて建築においては精神分析の概念が内密に展開されたことがあるうえ、〈感情転移〉は無意識のうちに行われるにもかかわらず、ノイトラはそれを促したいがために、顧客が彼のことを医者だと思って接するのを望んだ。新しい家を求めてノイトラのもとを訪ねるということは、ある特定の治療法を展開するうえで見識ある参加者になることであった。結果として、建築家、顧客及び住宅間に新種の親密さが生じただけでなく、部分的にしか予期されていなかった一連の〈感情転移〉や〈逆転移〉▶2のための器としての役割が、家には割り当てられたのだった。

　1953年9月、ノイトラはパーキンズ邸の基本設計図に取りかかっており、パーキンズは人生の新たな一章を始める「夢の実現」への手助けをノイトラに期待していた★2。そこで彼女はノイトラとの関係に踏み込み、家以上のもの、すなわち優れた、機能的な、またはモダンな家さえも期待していた。そして、非常に精巧な技法で武装したノイトラは、彼女が感情移入できる家への欲望を満たした。実際、彼が彼女の家の設計図を描いていたその同じ月に、彼は以下の文章をも執筆していた。

　　　療法的「状況」とは、創造的状況である。患者一般と治療する側との間に何が起こるかについては、いずれ生理学的に明らかにされるだろう。満足を求める要求または満足したいという強い願望に対して世話されることへの期待は、生理学的に見るとこれと類似するあるいはたぶん同一の状況であろう。顧客の強い願望や、完全にあるいは中途半端に表現された要求に対応するように、適切な手段を経て感情的な親密さを生み出す建築家は実際、精神分析医の手順にたいへん似通った行動をとっている。幼児期の慣例、状況及びトラウマを分析する建築

▶2　countertransference：患者によって精神分析医に向けられた感情転移に対する、分析医の無意識の反応

家の探究や回顧によって、〈感情移入〉を補足するある理解へと導かれる。たいへん不可解ながらも、この理解があって初めて協働で創造することが、共通認識を通じて効果をもたらし、社会的及び文化的にもたいへん意義深く活力に満ちた現象となるのである。

この協働で行う創造的現象を研究することは、患者と医者間の治療的─精神的関係を研究することにたいへん良く似ている。「自信」とは、果てしない差別化の限りを尽くし、瞬間的には高い域に達することもある、この水面下の現象を指し示す曖昧な一般化された用語である。このとき、陶酔や至福の状態にある個人がようやく理解された、あるいは寂しさという束縛を断ち切ったすばらしい感情を得るために、今まで隔離されてきたことに起因するあらゆる挫折感を放棄する。患者や顧客は、このような瞬間を胸の奥深くにしまっておくのだが、これは個人が単独性という殻を打ち破り、エロティックな共生へと抜け出すことに似ているのかもしれない。

ふたりの個人の野心的で自己表現的な協力関係をこのように重視する傾向は、偉大なる建築家と設計協力者との間にもある程度発生する。これは、光、陰、色及び抽象的な形態を帯びた幾何学的形態や「量塊」としての静的な設計作品への執着とはかけ離れたところで起こる。このような関心は、他のところに求めた方が効果的である[★3]。

ノイトラの文章は、何点かにおいて常軌を逸脱している。まず、建築に精神療法的な機能をあからさまに割り当て、その過程で建築家と顧客間の関係の中で演じられる役割について、これでもかと強調する。建築は顧客の要望を満たすべきであるとノイトラは主張するのだが、これらの要望を機能や住まいという従来の問題に絡めて捉えるわけではない。代わりに、建築は精神の無意識の欲求を満たすのに力を貸すことで、精神分析のように機能するべきであると言う。このために建築家が用いるべきだとノイトラが言い張る手法も、普通だったらモダ

ニズムに関連づけられる機能と構造とが取り上げられていないという点において、同様に並外れている。ノイトラによると、建築家は精神分析医のように、幼少期の体験の分析を通して形成される顧客との感情面における力関係に基づいて活動する。確かにこの文章には、顧客がパトロンの役割を演じること、あるいは建築家との関係は特定の予算の中でサービスを提供する仕事上の取り決めであるかのような考えは表現されていない。むしろこの関係は、あまりにも強力な感情面での親密さに特徴づけられているので、顧客の疎外感を圧倒し、建築家の抽象的形態への先験的な関心さえもかき乱すのだ。ノイトラによれば、このような親密さが特殊な共同作業を生み出すのであって、これは優れた建築にはまさに欠かせないものとなった。最終的な作品は顧客にとっては物理的所有物、建築家にとっては知的財産であるかもしれないが、建築家と顧客間の関係は、この建築過程をエロティックな共生空間へと転換させるのである。

　建築家が特に住宅建築で、このように感情面において顧客と親密になる「適切な手段」を創り上げるのにあたってノイトラは、顧客の好き嫌いについて非常に細かいことまで聞くアンケートに答えさせることから始めた。ノイトラは、幼少期の住まいや家庭の習慣について知りたがった。顧客によっては、数週間日常生活のあらゆる面を詳しく日記に記録することを依頼した。コンスタンス・パーキンズは7ページにわたる文章を書き、彼女自身これを伝記とみなした。ライフスタイルや他の様々な性癖に関する私的な関心が強調されたこの資料を、顧客たちは非常に立ち入ったものとして捉え、「自己分析」と呼んだ★4。実際ノイトラは、顧客がこのような情報を引き出してくるのを、「例えて言うならば、寝椅子に横たわって精神分析医と会話をするようなものだ」と言って、比較した★5。パーキンズは、この自伝を生み出すのに〈自由連想法〉を用いたことを述べているので、この手法を受け入れていたようであった。彼女はノイトラに、「この伝記が長く、文

章としても形式から逸脱していることはわかっています。しかし、誤字脱字も含めて、ごく自然に書いたままです。かえってこれを磨き上げると、本質が失われてしまうと思うのです」と説明している[★6]。

　彼が「診断の手順」と呼んだものの第一段階の後でノイトラは、建築家は顧客が提示する主観的情報を、作品によって決定づけられる客観的条件と結びつけなければならないと、断言した。ひとりの顧客は、資料を手にしたノイトラが、「私たちの手紙の"感情の奥行きとこだわり"を表すと感じた言葉や表現に下線を引きながら、念入りに目を通し、私たちの性格と生活習慣の診断に、私たちがどのような家を求めているかの見解を付け足し、抜粋を作った」[★7]状況を描写した。ノイトラは、「フロイト博士がトラウマと呼んだ、好都合な衝撃」に特に興味があると言っていた。次いで、「主として感情が詰め込まれた反響を求めている建築家にとって、このような効果は非常に重要である」[★8]と言った。ノイトラは顧客から得た情報を、治癒的効果が得られる設計方針の基礎として、また同時に顧客との力関係をかたちづくるのに用いた。ノイトラは、顧客はみな、特に女性たちが彼のことを愛するのだと主張したにもかかわらず、みな彼のことを多少恐れていたようだ。住宅建築の顧客からの通信文には格式張って慇懃なものが多く、特に彼に魅了された顧客たちは彼の建築への助言を断り切れずにいた。このように〈転移〉をあからさまに建築過程に取り入れることには、精神分析上、職業上、及び経済的に多くの意味合いがあった。ノイトラ自身が言ったように、「基本原理はこんなものだ。熟慮のうえ導かれた共感を顧客たちに対して表現しながら、直感的な〈感情移入〉において秀でる方法があるはずだ。人を理解すべく情熱的な献身を見せれば、その人はあなたをこらえることができなくなる。たとえ彼が銀行頭取であろうと、あなたと恋に落ちる[★9]」のだった。

　ノイトラは家を〈転移〉の対象物として捉えていたのだが、特に彼の言う患者と建築家間の感情的な繋がりが、フロイトの考えにおける

〈転移〉という概念が保護するはずであった客観的な隔たりを超えていた点に、この関心の本質が表れている。実際、上で引用したエッセーはフロイトの考えではなく、フロイトの宿敵であったオットー・ランクの考えに基づく。上で引用したノイトラのエッセーの最初の文は、「療法的な"状況"とは創造的な状況であり、ランクの研究や主張はいつの日か心理学上明らかにされ、一般的な患者と療法士との間で何が起こるかがわかるようになる」である。ノイトラはフロイトの著書を読みはしたが、最終的にはランクの見方を通して解釈していた。このようにしてノイトラは「フロイトの〈抵抗〉と〈転移〉の考えは、建築家と顧客間の関係にもかかわる」と主張したのだが、建築の顧客は従来の精神分析医の患者とは異なるので「萎縮させるような分析だけでなく、創造的な導きを必要とする」と結論づけ、フロイトの考えを再考するようになったのは、ランクの影響であることを明言した★10。

このような疑いようのない発言にもかかわらず、ノイトラの精神分析への執着が今まで注目されなかったのは、精神分析がフロイトひとりにしか関連づけられてこなかったからである。ノイトラは、建築を精神分析と結びつけるうえで、フロイトの考えに頼るのは決して最良の手段ではないとの信念を、精神分析に対する関心と同様、はっきり表明していた。この明確な矛盾が無視できない限りにおいては、ノイトラはフロイトのことを十分に読み込んでいなかったと判断されてもしかたがない。しかし、ノイトラが果たしてフロイトとは別に、あるいはフロイトに加えて他の者に関連づけて精神分析について読み、またこれを知っていたかどうかというさらに単純な答えは、一度も追究されたことがない。フロイト派の第一世代の尽力とフロイトの経歴自体のおかげで、フロイトは精神分析と完全に同義となり、以来そうあり続けている。フロイトの先達たちによる初期の精神分析から受けた影響及び初期の精神分析医たちとの奥深い議論についての研究は、まだ現れ始めたばかりである。従って、従来の建築史の関心外に位置す

るノイトラの例外的な着眼点は、同時にフロイトの正説をも超えたところにある。これゆえノイトラが傾倒していた精神分析理論家たちが、ノイトラ自身と同じ方法かつ同じ理由により組織ぐるみで曲解されたのは、もっともなことである。

　ランクはノイトラと彼の顧客が没頭していたアメリカの精神分析文化に大きく貢献している。ワーグナーとロースのようなノイトラにとっての建築の先人たちがモダニズムの立役者と考えられているように、ランクは一時フロイトの最も熱心な追随者で、いわばフロイトの養子のようであった[11]。精神分析を勉強することをフロイト本人に勧められたランクは、精神分析協会の書記を務め、秘密の「委員会」の会員にもなった[12]。1923年、フロイトの誕生日に、ランクは完成したばかりの著書『出生時のトラウマ（*The Trauma of Birth*）』をフロイトに贈った[13]。このエッセーは当初、精神分析界への大きな貢献になると（ランクとフロイト両人に）思われたのだが、ほどなくフロイトの教えから逸脱するとみなされるようになった。ランクは最終的にフロイトを取り巻く仲間たちから追放され、変人としてのレッテルを貼られただけでなく、まぎれもなく発狂していると非難されるようになった［図11］[14]。フロイトとのこの醜い絶縁の後、ランクはアメリカに落ち着いたのだが、ランクが短期療法を手がけ始めるようになると、フロイトはランクのことを、アメリカの消費社会に仕えるために精神分析を裏切ったと責め立てたのだ[15]。両者の経歴を振り返ってみると、正気でないと告発されたことを除けば、ノイトラとランクはお互いのために存在していたようにも思える。事実ふたりは、フロイトとロースが活躍した、まだウィーンが理想とされた時代に知り合っていた[16]。

　ランク自身、独自の精神分析理論を展開し始めると、分析医の距離を置いた客観性よりもむしろ能動的な感情面での繋がりに基づく、患者と顧客間の関係を理解するようになった。確かに、〈転移〉を通し

図11 「弟子ランク、師匠フロイト　病気、病気、病気」
オットー・ランクとジークムント・フロイト、「タイム」誌、
1958年6月23日号

て発生する感情は、解釈のためにしか使えない史料の〈投影〉と比べて、本物であり、存在感があり、これには本質的な治療効果があると彼は主張した[★17]。最も重要なのは、彼が精神療法——最終的には、精神分析という用語に対して好んだ——を分析医と患者間で共有される、患者が自己創造の能力を身につけるための支援を目的とする、共同で行う過程として考えたことである。創造性とは、ランクの理論構造における中心的な主題であり、時間が経つにつれてさらに重要性を

BIRTH TRAUMA　　089

増していった。もとは芸術作品と芸術家に対する関心から始まったものが、ランクにとっては分析手法の基本原理となり、事実、心理学上の展開全般の基本原理にさえもなったのである。ランクは、個性自体を創造物として捉えたので、心理療法が患者と分析医との協力関係を通して神経症に働きかけ、性格を調整することは、共同で行う自己創造の一種であると考えた。芸術家志望だったコンスタンス・パーキンズと、芸術家以上になりたかったノイトラとの組み合わせは、〈感情移入〉できる家の設計を通して新たな生活を創造しようとするランク派のペアとしては完璧であった。

　精神分析と比喩としての新生活間の関係を取り上げたランクの著書は、ノイトラの建築にランクの創造力や分析手法の概念よりも大きな影響を及ぼしたとさえ言えるだろう。むしろ、様々な原因があって、精神分析の仲間からランクは除名されたのだが、『出生時のトラウマ』で最初に発展させた考えが、論争の発端となった。不安の因果関係学に関心を示し、不安すなわち神経症の原因は出生時の瞬間に見出すことができるという、フロイトも触れたことのある考えをランクは展開した。ランクによると、この独自で普遍的な体験は、人間がその後経験することになる不安を発生させ、かつこのすべてに関与するのだった。ランクがフロイトと道を異にするようになったのは、主にランクが〈エディプスコンプレックス〉▶3の優位性とフロイトの動因説の考えから距離を置くようになったことが原因であった。しかしランクの出生時トラウマの理論によって、幼児期の心理的発展における母親の役割に新たな重要性が加えられることとなり、のちに対象関係理論と呼ばれるようになるものの基礎をかたちづくり、療法の手法に大きな変化をもたらした★18。これらランクの業績の「フロイトには及ばない」特徴こそが、今日のランクに対する再評価に繋がったのである。

　母親の子宮からの〈分離〉、そして一般には最終的な母親からの〈分離〉が神経症の原因の根底にあるという理論を構築するうえで、ラン

▶3　Oedipal complex：男児が母親に愛情を、父親に憎悪を無意識のうちに向ける感情を表す、フロイトの自我発達の中心をなす精神分析学の概念

クは療法に新たな機能を求めた。すなわち患者が現時点において、出生時のトラウマを克服できるようにすることであった[19]。このようにしてランクは、分析医との〈分離〉を通してさらに生産的な方法で母親からの当初の〈分離〉を再現できるように、短期療法及び精神分析療法の終了日の重要視に興味を持つこととなった[20]。ランクが最初に出生時トラウマに興味を持つようになったのは、精神分析の成果のあった患者たちがのちに、しばしば彼らの経験を言い表すのに生まれ変わりの比喩を用いたからである[21]。この傾向を知り彼は、誕生後のすべての〈分離〉が伴う行為及び〈個性化〉の全過程から、出生時当初の〈分離〉にまで遡れると推定するようになった。さらには、ランクによるとすべての文化的生産は、「個々人の創造の原型に倣って、人間が創造した世界に過ぎない。それが植物に覆われた原始的な小屋であっても、あるいは平らな外壁と中にはエレベーターシャフトがあるアメリカの摩天楼であっても。どこであろうと、それは原始的状況の代用となる形態に近づけて、創造的にかたちづくられたもの[22]」であった。芸術作品に対するランクの精神分析上の取り組みは、それ自体が前述の〈感情移入〉に関する議論を形成した形態心理学に基づいていた[23]。しかしながらランクによれば、鑑賞者は対象物に彼らの身体の形式的特性を〈投影〉するのではなく、彼らの出生時トラウマを〈投影〉するのだった[24]。空間と不安間の関係にかかわるこの慣習の一側面について熟考することにより、ランクは〈個性化〉された対象物と〈分離〉する主体に焦点を当てた。ランクにとって家とは、子宮に戻りたいという欲望を表現するものではなく、別離の恐怖を克服する行動を物理的に体現したものである。すなわち、「家とは、その身体的象徴性はさておいて、母性による保護という自然の形態を単に真似ただけではなく、母性という保護被覆から解放され、それ自体が主体性を持つまでに昇格した創造的な〈自我〉[▶4]の象徴となっていた[25]」。

▶4 ego：フロイトが心を構成すると考えた3層（エス・自我・超自我）のひとつであり、無意識を統制する「意識」という意味で用いた。エスとは衝動的欲望、超自我は内なる行動規範であり、自我はこれらの間のバランスを保とうとする

ランクは、誕生という物理的事実、精神の〈個性化〉及び文化的生産の間に類似点を見出していたので、ノイトラが「生存は誕生以前に始まる。これは子宮の中でこそ、最大に保証されている。外部の雑然とした状態に入ろうとする衝撃である"出生時のトラウマ"の後、私たちはみな建築家の手の中にするりと滑り込むのである[26]」と書いたのも、そう意外ではない。建築は、繰り返しそれも古代から子宮の空間に関連づけられてきているが、この繋がりがこれほど具体的かつ詳細な段階まで達したことは、今までほとんどなかった[27]。ノイトラが思い描く像では、子宮の空間を世界の空間と関連づけるだけでなく、母親の身体を建築家の身体とも関連づけるのである。差し伸ばされた建築家の手は現時点では産科医としての役割を果たすのだが、さらには誕生後の環境を永久にかたちづくる建築家の究極的な役割をこの世に出す助産師ともなるのだ。特に重要なのは、ランクが不安神経症と空間に関連づけて理論化したこの事象において、ノイトラが建築の新しいとりわけ心理に作用する機能を見出したことである。「人生において、それも特に建築家が設計した人工的な周辺環境においては、曖昧でぼんやりとした不確定性に陥らされるような機会が何百万とある。これらが設計上の心理的"不満足"であり、この責任を負う私たちはこのような状況を避けるすべを身につけなければならない[28]」。子宮から建築家の両手へと滑り込んだ、心に傷を負った乳児は、ノイトラによれば、不確実性へと退行しないように保護しなければならない。建築空間はノイトラにとって、主体が環境へと溶け込み、正体を失うように誘発するものとなる。ノイトラは、建築家だけが適切な設計に加え、何よりも空間をバランス良くしかも心理的にも鋭く展開することで、この無意識下の望みからの保護を提供することができるのだと、主張する。この誘発は対象者に誕生の瞬間から作用し始めるので、建築は精神発達の基本要素となる。ノイトラの定義によると家は、「主に子供を育てる場所であり、母親が私たちに食べさせてくれる食事に

次いで、精神的習性に最も強烈に痕跡を残す建築環境である[29]」。家は住むための機械であるという、ル・コルビュジエの有名な格言に強い対比をなすように、ノイトラはこれと反対のことを主張した。「家は住むための機械ではない。建築が生活のための舞台であり」、「柔軟で用をなさず、素直に受け入れる幼児の頭」に最初に影響を及ぼす環境の代用なのである[30]。

　ノイトラの顧客が家を〈感情転移〉の対象物としたように、ノイトラは〈逆転移〉の力を受ける主体となった。この〈逆転移〉の最も明らかな症状は、彼の顧客はみな彼に恋をし、彼も顧客たちに恋をしたという彼の信念であった[31]。しかしさらに微妙な点として、ノイトラ自身ふたつの専門家の役割を背負っていると想像していたことが挙げられる。顧客との〈感情移入〉を伴う親密さを通して彼は、大人の神経症患者の分析医であったが、住宅設計を通しては、乳飲み子の母親となった。ノイトラは、「ますます男たちによってかたちづくられるようになってきている私たちの文明の将来において」、男たちは母親固有のものだと思っていた技能を身につけるようになるだろう。「彼女は子供ごとに異なるやり方で乳首をつかみ、吸い込み、そして飲み込む様子に合わせて、ひとりひとりをどのように抱けば良いか、また子供の将来全体を方向づけるために、まさにその最初の数年間のうちに何をなすべきかを、すべて知っている[32]」。言い換えれば、ノイトラは分析医であると同時に自分は母親であると空想し、「未熟のうちに自ら乳離れする」顧客について、「この種の人たちは、家の施工が進み、たいがい漆喰塗りが終わった段階になるが、全体がだいたい見えるようになると、建築家を解雇し始める。彼らはやっと赤ん坊を見ることができ……乳離れの時期が心に傷を残すほど衝撃的であるか、あるいは至福のうちに過ぎるかのいずれにせよ、この過程には家の建築家から顧客への引き渡しを伴うのである」と文句を言った[33]。

　建築家を母親及び分析医として見るノイトラの視点では、その役割

を過大評価していたのだが、ランクはフロイトが軽視していた母親の心理学上の重要性に最初に気づいたうちのひとりであった。さらに重要なのは、初めて分析医と母親との間に類似性を見出したのが、ランクであったことだ。ランクによれば、分析医との〈分離〉こそが、当初の上手く克服できなかった出生時のトラウマ及び母親との〈分離〉の成就を可能とするのであった。実際、この出生時のトラウマが、ノイトラが自らの住宅作品から得られると主張した建築療法の基礎となった。戦後の時期になると、ノイトラの関心は、建築家、療法士、そして家すべてが一体となった母なる身体との衝撃的ではあるが同時に治癒的な〈分離〉へと移っていった。

透明性と感情転移　TRANSPARENCY AND TRANSFERENCE

1950年代のノイトラ作品最大の特徴は、従来からの内外間の境界を解体するための強烈な集中力である。見るからに容易に外部世界へアクセスできるガラスの家の類は、出生時のトラウマへの露骨な反応のようである。しかし、内部と外部とを一体化するのは、フランク・ロイド・ライトのプレーリー・ハウスから見晴らし窓のある1950年代の住宅団地に至るアメリカのモダニズムに広く見られる代表的な特徴で、一般にアメリカ特有の景観への多様な憧れに関連づけて説明されてきた。今までより大きくなった窓ガラス板が広く入手できるようになり、同時に郊外地開発により戸建て住宅が急増するにつれ、第二次世界大戦後にはさらに大きな窓と室内／屋外間を自由に行き来する生活が普通に見られるようになった。歴史家たちがよく主張したのが、これらの開発が特に南カリフォルニアの温暖な気候への地方的な対応として、それもモダニズム建築の厳格さを消すために景観を用いるという一般的な関心事の一環として、当初発生したか、または少なくと

も高まったという説である★34。しかしながらこのような従来の説明には、戦後アメリカを啓蒙事業の当然の伝道者とする、思想的な動機が潜んでいる。つまり郊外の室内／屋外の一体化した生活の気楽さゆえに、ようやく実現されたフリープランという夢想的な空想である。この還元的な論考においては、アメリカの戦後住宅の個々の設計に見られる意義ある差異には注意を払わず、特に建築家たちを区別なく十把ひと絡げに扱う傾向がある。特に重要なのは、ノイトラは一度もこのフリープランに対する信条を表明したことがなく、生み出す建物は限定的であると同時に発展的であったことを、見逃していることである。彼が治療のかたちとして求めたのは、アメリカの景観の美点を象徴することとは関係なく、またこれが影響を及ぼしたのはオープン・スペースの明快さに対してではなく、環境の不確実性に対してであった。

　ローク邸は、出生時のトラウマを体現した建築の特徴を探究する格好の事例となる。1949年に完成したローク邸では、1950年代までには完全に成熟した家の類型へと発展するもととなる要素が集め始められている。ノイトラの60歳の誕生日を機に、ランクがフロイトに対して行ったように、ベティー・ロークは建築家に感謝状を贈り、「もうじき誕生日をお祝いになりますが、これはちょうど私と夫とマイケル［彼らの息子］が設計していただいたこの家での暮らしから得た喜びをお伝えする、またとない機会になると思います。私たちの家の美を構成する要素は、どれひとつとっても飽きることなく、退屈になったり、見え透いたものとなったりしていません。家は、一日の時間帯や気候の加減や季節の変動にいわば順応し、常に新たな経験をもたらしてくれます★35」と言った。後になってローク夫人は、ノイトラは私たちに「新たな生活体験」をもたらし、ノイトラだけでなく彼の家族も丸ごと家に「入って」きた、と言っている★36。ローク邸竣工と同年に「タイム」誌でノイトラが表紙に取り上げられた際、特集記事

図12　リチャード・ノイトラ、ローク邸、ビバリーヒルズ、1949年

　の執筆者は「所有していたアンティークを売り払い、家に越してきた時の気持ちを表すのに、ローク婦人は"解放"という言葉しか思い当たらなかった」と書いている★37。ローク婦人がノイトラの家での体験を言い表すのに用いた、過去という妨げになるものを排除し、新たな生活と解放をもたらす家の役割を強調する言語は、ランクが当初、出生時のトラウマに関心を寄せるきっかけとなった言葉を彷彿させる。
　ランクによると自由空間に身を置くということは、出生時のトラウマを体験し、かつこれを克服することを意味し、戦後のノイトラ作品はこの矛盾に反響するのである。ローク邸では、建物の片側は地上に浮き、もう片側は地面と一続きになっており、母なる自然からの脱出

及びこれとの繋がりを両方同時に可能とする［図12］。家の中心となる居間では、外界が大きなガラス面を通して室内に侵入する。これらは外の眺めを枠に嵌め込むただの見晴らし窓や従来のインターナショナル・スタイルのモダニズム建築に見られるような家を構築するガラスの壁でもない。それどころか、ガラスの窓／壁は実際は開閉でき、人の移動を可能とする扉なのだ[38]。大きく張り出す軒は、室内の境界を弱め、拡張する影の領域をつくりだす。軒によって反射がほとんどなくなり、曖昧なかたちで同時に空間を囲い込み露出する機能が、さらに強調される。ガラスは透明になるのではなく、見えなくなることで家は解放される。

　この設計により、室内と屋外間を滑らかに行き来できるのだが──実際ノイトラはローク邸において、器としての空間と拡張部としての空間の間に物理的な差異を設けず、あたかも屋根だけからなるように描いた──寝室は、〈原光景〉[5]からまもる場所として、また〈個性化〉を保障する場所として、明確に定義づけられたままである［図13］。「ありのままの個人と集団との関係が中断されたのは、子供たちがプライヴァシーのために隔離された部屋へと追いやられたときである。最初のトラウマとなるのは、初期の孤独に対する不自然な不安によるもので、"最初の目撃"ではない。根源となるトラウマはむしろ、個人という神秘を形成するための〈分離〉が早過ぎる時期に行われることで、家族という集団が解体されることにあるようなのだ」[39]と、ノイトラは書いた。ノイトラの母親の身体への執着の当然の結果として現れたのが、これを失うことと独りぼっちになることから生じる計り知れない不安であった。ノイトラの文書のうち、授乳する母親に触れるものあるいはこれを描いたもののほとんどすべてに、孤立化の不安に満ちた要素が含まれている。ノイトラは、非西洋文化に見られる家族が集まって寝る習慣にあこがれ、よくこのことに言及した。そして、現代社会がもはや子供の添い寝を許容しなくなっていることを、残念に

▶5　primal scene：子供が両親の性行為を見ること

図13　リチャード・ノイトラ、ローク邸、パティオからの眺め

　思っていたのは明らかである。その結果、彼の家の中で寝室はたいがい、まるで安心感を何らかのかたちで代わりとするかのように、最も抑制された空間とされている。寝室は、フリープランの対象から除外され、壁には収納部と換気設備が納められ、厚くなっている。特に重要なのは、寝室のガラス面は家内の共用空間に見られるような床から天井まで届くガラス張りとは異なり、床から数フィートの高さより低くなることはなく、それも比較的小さい開け閉めできる開口部に限ら

れている。例えば成人した子供のいる家族のために設計されたローク邸では、ふたつの寝室は家の両端に離して配置された。いずれも景観やバルコニーに対して直接開かれず、部屋の下方を回された造り付けの家具が、部屋を隔離する。このように人間の愛着や断絶にかかわる多様な要求のバランスをとるために、ノイトラは精神的に共鳴する連続性と〈分離〉との複雑な演出を操るのである。

　1946年の「砂漠」のカウフマン邸では、ローク邸を通してノイトラが探究し始めたランク由来の精神療法的な機能に対する空間設計上の対応は、まだ展開されていない。この平面は、明らかにライトに依存し、ガラスを突き付けで納めた隅部のようなのちの時期の建築を特徴づけるディテールもまだ現れていない[★40]。にもかかわらずノイトラは既に、建築技術の伝統的な考えにより近いものとしてではあったが、ランクの目指すところをここで追究していた。例えば、ほとんどのガラス面は比較的小さく区切られていたものの、居間の大きな引き戸とされたガラス窓は、容易に移動できるようにモーターが取り付けられた。ガラス面の操作を機械化したことにより、空間の物理的な開放さえも自動化された——まるで出生時のように、物理的条件の変化が空間上の囲い込みを解放したのである。ノイトラの連続性への固執の特異性は、決してまともに機能することはないながらも導入された温度調節機能に表れている。室内床下に組み込まれた空調設備と同じものが、屋外テラスとプールを囲むラウンジとパティオの範囲にまで繋がっている。ノイトラは家の設計の中でもこの点を強調することに重点を置き、そのために写真を用いた。ノイトラはジュリアス・シュルマンに、空間的に連続した画像を創り上げるよう、具体的に指図したのだった——例えば、「照明が輝く室内を外から撮影する夜景」のように。ノイトラが書いた写真キャプションは、さらに執拗で、「前面の間仕切りが後方に引き込まれると、外部の囲いは存在しなくなる。屋外の舗装は、室内同様に冷やされ、暖められる——天気の変化自体

が温度調節を作動させ——空間の使用上、室内と屋外のいかなる境界線をもなくすことに成功した」とくる[41]。このように温熱環境を機械的に操作することで創ろうとしたのは、家のための空間的な囲いではなく、雰囲気ある環境であった。

　カウフマン邸とローク邸には、ノイトラがのちにスパイダー・レッグと呼ぶようになる張り出し梁構造の初期の段階が見られる[図14]。カウフマン邸では、居間と主寝室のプール側の軒先の鼻隠し板が屋根の輪郭を超えて延びるのに対し、ローク邸ではデ・スティール派のような延長部分に用いられたこれらの梁は、家を超えて延びるだけでなく、90度折れ曲がり地面に達する。スパイダー・レッグは、カウフマン邸の険しい輪郭部をさりげなく覆い隠し、ローク邸では機能的な格子組の部分をなす。1950年代までにこれらは、ほぼ自立式の要素となり、屋外性と室内性との間の普通は主となる建築的差異を崩すために用いられるようになる。この最も模倣されるようになるノイトラの設計の特徴では、単独の梁あるいは鼻隠し板が屋根の端を主要な隅部でゆうに超え、下方に向かい地面に達する。普通は建築を安定化させるこのような要素が、部屋の隅部の位置を変え、場合によっては家の構造自体も移動させることにより、曖昧にも同時に内でもあり外でもあるようになる[42]。さらにスパイダー・レッグは、内から外への移動を仲立ちする産道のような、中間領域と呼べるものを創り上げる。ランクは特に、子供たちの昆虫に対する恐れに興味があり、それは子供たちが虫が地中に這って入り込む様子を見て、もはや子宮に戻ることができないことを思い起こすからであると理論づけた[43]。ノイトラのスパイダー・レッグは建築的なへその緒として機能するのと同時に、空っぽで無限の空間を枠で囲み、トラウマをもたらす〈分離〉の瞬間を強調することで、この不安を最小化するのであった[44]。

　戦後時代のノイトラは、本質的にトラウマを孕む出産行為に技術がますます介在するようになったことから、さらに悲惨になったのだと

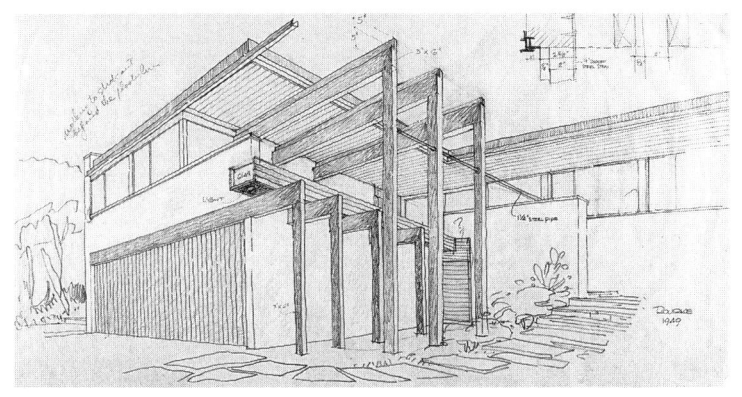

図14　リチャード・ノイトラ、ローク邸、玄関廻り

主張し始めた。誕生という出来事が今まで以上に病院——金属製の器具、奇妙な音と厳しい光に満ちた場所である、とノイトラは描写した——で発生するようになると彼は住宅建築を通してますます有機性、さらに強調されたスパイダー・レッグ、室内と屋外の建築材料のさらなる連続性、特に原型的に子宮を連想させる水という材料に、固執し始めた。しかし同時に、スパイダー・レッグと隅を突き付けで納めたガラス面を用いて家を景観に対して開け放ち、ほとんど展開させた一方で、囲い込まれた寝室——壁は収納部を組み込み厚くなり、材料が何重にも重ねられた——との対比はますますはっきりしてきた［図15］。出生時のトラウマを強調することで、このように開放性と閉鎖性の両極面において同様に、そのもの自体が強調された家を生み出したのである。ランクの求める解放された〈自我〉の創造を手助けするために、家は母なる身体への繋がりを断念し、物質的なというよりは空間上の対象物とならざるを得なかった。その一方で、この必要とされた空間化は、耐え難い疎外感を生み出し、退行を誘発する恐れがあったゆえ

図15　リチャード・ノイトラ、ローク邸

に、物質的世界と結びつくことでこの厳しさを和らげなければならなかった。心を癒す〈感情転移〉の対象物として機能しようとするうちに、ノイトラの家はこれら両極端に引っ張られていった。この意味からすると、戦後の家は出生時のトラウマの影響を治癒せずに、逆にそれ自体がひっそりとトラウマを負うようになっていたのである。

　このトラウマがひっそりとしていたというのは、1950年代のノイ

トラの家は偽装していたからである。ノイトラの初期のきらめいていたインターナショナル・スタイルの建物と比べるとこの時期の家は、木部、スパイダー・レッグ、水と無反射ガラスの採用によって、周囲の環境からそれほど目立たなくなっている。ノイトラの戦後の家は、伝統的な住宅地への衝撃的な侵入物となるというよりはむしろ、ほとんど抵抗に遭うこともなく、するっと入り込んでいった。ビバリーヒルズのハマーマン邸の場合、地元の建築指導委員会は、他にも理由があったのだが屋根が平らで「モダン過ぎる」ということから、当初の設計を受け入れなかった。多少の造園でごまかすことができ、ノイトラは顧客に、「通りからガラス面がどれくらい見えるかということについて言えば、それは結局、通り自体をあなたが見たくないという堅い信念の表れでもあります。適切な造園を施して、*窓から見える通りの眺めをあなたが隠してしまいたいのと同じように*、すべての窓が通りからほとんど見えないように隠すことを、おおいにしていただいてけっこうです。言い換えれば、この思いは完全にお互い様なのです[★45]」と告げた。

　18世紀のことの発端以来、精神分析の対象とされた建築は、常に治癒的でかつ懲戒的な社会体制に強要された透明性と閉鎖性の特質の組み合わせに頼ってきた。精神病院での秘密の監視や病院の窓に隠された鉄格子は、収容者たちや患者たちが歓迎されざる治療を意識的に拒否していたことを暗示する。精神分析文化のもとでは、ノイトラの戦後の家に見られるように、治療に対しては隠さずに踏み込み、反対に抵抗は気づかれなくなっていった。従って、精神分析時代の建築偽装は、治療手法を隠すためではなく、療法自体のうちでも意図的で双方が合意さえした部分でもあった。メリヤス製造業者と彼の身重の妻のために建てられたハマーマン邸は、ビバリーヒルズの偽チューダー様式の街並みの中へ、ほとんどその場をかき乱すことなく入り込むことができた。というのは、ノイトラの1950年代の家は、これより早

い時期のアヴァンギャルドたちが求めた、その新しさに引き起こされるトラウマや衝撃の誘発を巧みに避けていたためである。ノイトラの家は、スパイダー・レッグ、抑えられた高さ、偽装の役割を果たす自然素材のおかげで、衝撃をもたらすことから逃れただけでなく、トラウマをいかなる直接的なかたち——例えば図像学や対立と葛藤を複合させた方略——で示すことを避けた。戦後アメリカで心理学を扱うことは、ランクが言うには、歴史となったアヴァンギャルドたちがしてきたように、フロイトによる「無意識の構造」を表すことではなくなっていた。ノイトラの家は、建築家や顧客のいずれもの特定の病状を明らかにすることは決してしなかった。ノイトラは、顧客らから非常に私的な情報を引き出すために尽力したのだが、ノイトラの設計する建物は、個人の描写ではなかった。むしろ彼の手法としては、標準化が重要な要素であった。個人とのかかわりを消すために彼が進んで用いた手法の中では、おそらく写真が最も知られたものだろう。作品の広報用写真から調度品や私物を排除したいという欲望は広く知られており、顧客らが写り込むことは絶対あり得なかった[★46]。例えばカウフマン邸については、「カウフマン一家の暮らしぶりを伝える特別な物語」としてよりはむしろ、「典型的な課題に対する典型的な技術的解法」であると説明した[★47]。それにもまして、精神療法を目的とした初期の建築と比べると、ノイトラの家では治療が直接言及されることは全くない。精神病院や療養所とは異なり、ここでは身体は個室や電撃療法用装置に繋がれておらず、治療のために細かく間仕切られた空間もなく、また医療関係の図像学も見られない。

　分析医／建築家から治療という役割を引き継いだ家は、それ自体が治癒的な装置であった。従来の精神分析と比べて有利だった点は、（たとえ終わりがないにしても）その持続力であった。ノイトラは、「建築家は顧客のもとに、環境の設計が原因となる夫婦間の摩擦や不釣り合いを解消するために、20年間いるわけにはいかない。彼の仕事は、

単に言葉では言い表せないほど、静かな長期にわたる仕事なのである」と記した[48]。〈感情転移〉の家は、建築家と顧客両者の出生時のトラウマによって〈投影〉された残留物を人間の分析医よりも上手く吸収し、そのうえ家自体は中立を保つことができる[49]。最も重要なのは、これらの家の環境境界の設定が不十分であったがゆえに、精神分析が同時にあらゆる場所にあり、またどの場所にもないものとなることを可能にした。家を自然化する材料、ぼやけた構造及び偽装されたガラスは屋外にありながら、意図的に視界から逃れているので、これらの治癒作用は目には見えないものの、ここかしこに存在することができるようになる[50]。見せつけるのと同時に隠し秘めることで、これらは鑑賞者に、内側ではすべてを表すことができるが、外側では何も表せないことを納得させるのである。しかしこれらの最も説得力ある偽装のかたちは、これらが施設ではなく普通の家の姿をしており、また今日の基準からすればそれほどアヴァンギャルドでもないことにある。実際ノイトラの〈感情移入〉できる家の特徴のうち、フロイトの影響を最も受け、前例の全くなかったことは、治療を私的な家庭空間の中に持ち込むことで、個人的なものとして主観化した点である。〈感情転移〉の家の中を循環するエネルギーに感化される者はみな、ある程度意識あってこの関係に入り込んだのだが、建物の生活感によって実際の分析医が必要なくなったように、この中に建築の癒し効果も隠されていた。コンスタンス・パーキンズの、突き付けになったガラスの隅部やスパイダー・レッグとの〈感情移入〉を介した繋がりを求める欲望が最高潮に達したとき、彼女は従来の家の使い方を放棄し、余生をソファの上で寝ることにして、精神分析の真に果てしのない状態へと陥ったのである。たいへんアメリカらしいかたちで、精神分析は日曜大工による家の改修と同じくらい身近になっていた。

第4章 注

★1 リースマンは、上位中流階級の顧客に対する住宅建築家を、「趣味としてのカウンセリング」を提供する一例として選び出した。David Riesman, *The Lonely Crowd: A Study of the Changing American Character* (New Haven: Yale University Press, 1950), 364（邦訳：デイヴィッド・リースマン著、加藤秀俊訳『孤独な群衆』みすず書房、1954）。
★2 図面は10月までに完成されていた。このプロジェクトの発展と歴史についての詳細な論考は、Alice T. Friedman, *Women and the Making of the Modern House: A Social and Architectural History* (New York: Harry N. Abrams, 1998), 179を参照。
★3 Richard Neutra, Ideas, 1955年9月24日付、ノイトラ・アーカイブ所蔵。
★4 このようなアンケートの一例についての詳細な言及は、Thomas S. Hines, *Richard Neutra and the Search for Modern Architecture* (New York: Oxford University Press, 1982), 155以降を参照。「タイム」誌（1949年8月15日号）(65) に掲載の記事でも、これらの文献がノイトラの設計過程及び顧客たちの両方にとって重要であることが強調されている。
★5 Richard Neutra, "The Architect Faces the Client and his Conditionings-'The Layer-cake,'" タイプ原稿、1957年3月19日、ノイトラ・アーカイブ所蔵。
★6 コンスタンス・パーキンズからRJN（RJN：リチャード・ノイトラ、以下同）宛書簡、1953年8月12日、ノイトラ・アーカイブ所蔵。
★7 Marva Peterson Shearer, "The Man with a Million Homes," 掲載機関紙不明, 117, August 1949, ノイトラ・アーカイブ所蔵。
★8 Neutra, "The Architect Faces the Client," ノイトラ・アーカイブ所蔵, 10。
★9 リチャード・ノイトラによる挨拶文、AIA/ACSA講師のセミナー、コロラド州アスペン、1957年6月10日、ノイトラ・アーカイブ所蔵。
★10 ノイトラのコメントはIdeasという表題の付けられた、1953年9月24日付の用紙にメモ書きされている。これら特定の見解には、「ランクについて、フェイ・カープ博士より (from Fay Karpf, Ph.D. on Rank)」の見出しが付けられている。カープが誰であるかを特定できなかったので、ノイトラのメモがカープとの話し合いの記録なのか、あるいは何らかの未知の文書に基づくのかは、明らかでない。これらの断片的なメモには同じ日付が打たれているが、上で引用した療法状況に関するエッセーのようなさらに長い文章とは異なる。
★11 ランクについての基本文献には、James E. Lieberman, *Acts of Will: The Life and Work of Otto Rank* (New York: Free Press, 1985); Esther Menaker, *Otto Rank, a Rediscovered Legacy* (New York: Columbia University Press, 1982) 及びJessie Taft, *Otto Rank* (New York: Julian Press, 1958) が含まれる。
★12 「委員会」とは、1912年にフロイトの若手の仲間うちで結成された秘密の親密な集まりを指す。リングと呼ばれるこの集団の会員には、サンドール・フェレンチ (Sándor Ferenczi)、アーネスト・ジョーンズ (Ernest Jones)、カール・アブラハム (Karl Abraham) も含まれた。
★13 Otto Rank, *The Trauma of Birth* (New York: Robert Brunner, 1952)。

- ★14 フロイトの伝記を執筆し、フロイトの注意を惹くことにおいてはランクの競争相手でもあったアーネスト・ジョーンズは、この非難を最も念入りに展開した。Ernest Jones, *The Life and Work of Sigmund Freud*, 3 vols.(New York: Basic Books, 1955-1957), 3:44-77を参照(邦訳:アーネスト・ジョーンズ著、竹友安彦、藤井治彦訳『フロイトの生涯』紀伊國屋書店(新装版)、1969)。
- ★15 同上、3:77。★19を参照。
- ★16 1953年1月3日付の手紙でノイトラは、「フロイトの教え子であったオット・ランク(私はウィーンにいた若い頃からふたりとも良く知っている)は、療法士と患者を創造的なチームとして捉えていたのを覚えている」と書いた。RJNから*Woman's Home Companion*誌編集者ウッドロウ・ワーシング(Woodrow Wirsing)への書簡、ノイトラ・アーカイブ所蔵。
- ★17 Otto Rank, *Will Therapy and Truth and Reality*(New York: Knopf, 1964), xiiiを参照。
- ★18 例えば、Peter L. Rudnytsky, *The Psychoanalytic Vocation: Rank, Winnicott and the Legacy of Freud*(New Haven: Yale University Press, 1991), 46-69所収、"Rank as a Precursor of Contemporary Psychoanalysis"の章を参照。
- ★19 ランクは、「最終的に精神分析によって、達成されていなかった誕生のトラウマの克服が、遅ればせながら実現されることになる」と書いた(Rank, *The Trauma of Birth*, 5)。
- ★20 フロイトはランクの概念の発展におけるこの段階を、アメリカ化の結果であると考え、「ランクの思考の脈絡が大胆で独創的であることは否定しようもないが、批評の試練に耐えることができなかった……アメリカの生活の慌ただしさに見合うように、分析療法のペースを加速して計画していたのだ」と書いた。Jones, *The Life and Work of Sigmund Freud*, 3:77に掲載。
- ★21 Menaker, *Otto Rank*, 66。
- ★22 Rank, *The Trauma of Birth*, 85-87。
- ★23 ランクは複数の文章で、全員が形態心理学の空間的意味合いを探っていたヴェルフリン、ヴォリンガーやリーゲルのようなドイツの美術史家を多数引用した。この執筆家たちがよく展開したテーマには、空間と不安との繋がり、特に主体が空間の中に消失してしまうことへの不安、自立した存在としての特性を失うことについて、などがあった。例えば古代建築の分析にあたってリーゲルは、「古代を通して視覚芸術が最終的に目指したのは、外部の対象物を明確な物質的存在として表現することであったのだが……この責任を厳密に追及するうえで、外部の対象物の絶対的な個体性の明瞭さにとっては障害物となる空間の存在を[古美術は]打ち消し、抑え込まなければならなかった」。Alois Riegl, *Late Roman Art Industry*, Rolf Winkes訳(Rome: Giorgio Bretschneider Editore, 1985), 21を参照。ヴォリンガーも『抽象と感情移入(*Abstraction and Empathy*)』で同様に、人類が空間に対して抱く心理的な恐怖の一般的な状態を描写する。Wilhelm Worringer, *Abstraction and Empathy: A Contribution to the Psychology of Style*, M. Bullock訳(1908; New York: International Universities Press, 1963)を参照。ランクの美術史との繋がり、またノイトラのランクとの繋がりによって、この美術史上の伝統とノイトラとの関係に関する疑問が

提起される。例えば、さらには空間の恐怖の問題に加えて、ノイトラは対象物の認知においてだけでなく、設計過程における感情移入の役割についても頻繁に書いた。ノイトラの感情移入の概念がヴォリンガーの概念とどのように関連するか、あるいは実際に関連したのかどうかの考察は興味深い。この分野のドイツにおける伝統については、*Empathy, Form and Space*を参照。

★24 象徴が順応する過程を論じるにあたって、例えばランクは部屋を「"無意識"にとっては通常女性生殖器を象徴する空間」と定義する。「そして実際、最終的にはこれは"無意識"が知る唯一の女性生殖器にかかわるものとして、また出生のトラウマを経験する以前の人間が保護され、暖められた場所としての子宮を象徴する」(*The Trauma of Birth*, 86)。ランクの空間に関する他の論考については、*The Trauma of Birth*所収、芸術的理想化に関する章、特に147以降を参照。

★25 Otto Rank, *Art and Artist: Creative Urge and Personality Development* (New York: Norton, 1989), 185を参照。140-141も参照。

★26 Richard Neutra, "Human Setting in an Industrial Civilization," in Joan Ockman, ed., *Architecture Culture 1943-1968* (New York: Columbia University and Rizzoli, 1993), 283; *Zodiac* 2 (1958) に初出。

★27 ランクはギリシャ芸術を「あまりにも母性的過ぎる愛着」に対して理想化し、補完する反応であったと理解した。彼はこの反応を、ドーリア人たちが母国から強制移住させられたせいにし、「この強制的な生まれ故郷からの隔離は、出生のトラウマの繰り返しという意味において、母親からの暴力的な分離であったので、ギリシャ文化のその後の発展全体を決定づけたようである」と書いた。(Rank, *The Trauma of Birth*, 160以降)。ノイトラも移民と文化的慣習については似たような考えを持っており、このことについては1939年のドイツ文化協会 (German Culture Society) での講演で述べている。移民であることに伴う様々な問題を説明した後に、ノイトラは「このことはまた、建築家が専門家として日常的に経験することと驚くほど似ている。新しい家を建てるために、今後15年間負債を負う困難な状況に身を置く者は、彼または彼の妻 (稀ではあるが両者の場合も!) が、今までの環境ではふさわしくないと感じるようになったため、そうするのである。彼は自身を新しい家で囲いたいと思うのであるが、意識的にも、無意識下ではさらに強く、彼が育った家によって完全に条件づけられているのである」と語った。リチャード・ノイトラ、ドイツ文化協会での講演、1939年4月8日、ノイトラ・アーカイブ所蔵。

★28 Neutra, "Human Setting in an Industrial Civilization," 283。

★29 ノイトラによる記事 "Human Habitation under New Conditions" が、グレタ・グレイ (Greta Gray) の著書の第3改訂版に含まれているのには驚く。*House and Home: A Manual and Textbook of Practical House Planning* (Philadelphia: J. B. Lippincott, 1935), 194。ノイトラは、前エディプス期における彼自身の建築との関係を以下のように描写する。「最初に私はそれ[建築]について赤ん坊として無意識のうちに、尻をさらけ出したまま棘のある寄せ木の床に座り、隙間から土を掘り出し、おもちゃの茶箪笥の真鍮製の金物を舐めながら学んだ。これらが、そしてグランドピアノの下で遊んだことも、言語習得

前の経験であったが、たいへん意味深い経験であったので、徹底的な分析の価値がある」。Richard Neutra, *Life and Shape* (New York: Appleton-Century-Crofts, 1962), 48。
- ★30 ノイトラが1940年5月4日に婦人大学クラブ(Women's University Club)で講演した時のメモ、ノイトラ・アーカイブ所蔵。
- ★31 ノイトラは、顧客のために見せかけの人格を創り上げることは、つきあい上必要なのだと説明した(ディオーン・ノイトラにこう伝えた。ハインズが*Richard Neutra*, 255で引用)。
- ★32 Neutra, Ideas, 1952, ノイトラ・アーカイブ所蔵。
- ★33 RJNからシドニー・ブラウン婦人(Mrs. Sydney Brown)宛の書簡、1954年6月3日、ノイトラ・アーカイブ所蔵。
- ★34 クリファード・E・クラーク二世は、見晴らし窓の流行とランチハウスの台頭は、カリフォルニアの状況を他所に再現するための取り組みの表れであると主張する。Clifford E. Clark Jr., "Ranch-House Suburbia: Ideals and Realities," in Lary May, ed., *Recasting America: Culture and Politics in the Age of Cold War* (Chicago: University of Chicago Press, 1989), 171-194を参照。
- ★35 ベティー・H・ローク(Betty H. Rourke)からRJN宛書簡写し、1952年4月付ノイトラ・アーカイブ所蔵。
- ★36 ローク夫人、ノイトラ設計の家に関する思い出や考えを記した3枚のタイプ原稿、1977年5月3日、ノイトラ・アーカイブ所蔵。
- ★37 ローク夫人、1977年付、ノイトラ・アーカイブ所蔵。「タイム」誌の記事は、ノイトラだけでなくアメリカの近代住宅をも取り上げ、掲載された家がローク邸であることを完全には明らかにせず、また顧客もB夫妻としてしか表記されていない。「タイム」、1949年8月15日号、58-66を参照。
- ★38 リビングルームとバルコニーとの間にある1枚の嵌め殺しのガラスパネルによって、従来の窓の定義及び空間内での移動や視覚性を規定する窓の役割が、さらに覆される。
- ★39 ノイトラは続けて「それは脳の上方全体の発展に影響を及ぼしたに違いないのだが、機を逸したため不安定な条件づけにしかならなかった。性について2歳か4歳の時に混乱のうちに知ることの方が、家庭の外で学友、こそこそと回されるポルノグラフィー、あるいは「真実の愛の物語」のような記事から知るよりは、衝撃は穏やかで済む……今や彼ら[人間]は隔離されて眠り、決してU.W.ロッジの家族ベッドで寝ることはないのに、昼間は室内、教室、オフィス、作業場あるいは工場の組み立てラインに詰め込まれている」と記した。Neutra, Ideas、タイプ原稿、1946年、ノイトラ・アーカイブ所蔵(訳注：U.W.ロッジは、1868年に創設されたアメリカ初の共済・相互扶助の役割を果たした組織Ancient Order of United Workmen(U.W.)の活動拠点となった会館を指す。この会員となることは一種の社会的ステータスであった)。
- ★40 ノイトラにとってパーム・スプリングスは、生産性の高い地域であった。ここにはカウフマン邸の前身となる1937年に建てられたミラー邸がある。Stephen Leet, *Richard Neutra's Miller House* (New York: Princeton Architectural Press, 2004)を参照。
- ★41 RJNからハリウッドのバーナード氏宛書簡、1947年5月19日、ノイトラ・アーカイブ所蔵。

RJNからジュリアス・シュルマン宛書簡、1947年3月3日、ノイトラ・アーカイブ所蔵にも、画像に調度品は入れてはならないとの指示がある。カウフマン邸の写真の歴史にかかわる別の側面に力点を置いた記録については、Simon Niedenthal, "'Glamourized Houses': Neutra, Photography, and the Kaufmann House," *Journal of Architectural Education*, November 1993, 101-112を参照。

★42 この点については、Arthur Drexler, "The Architecture of Richard Neutra," Arthur Drexler and Thomas S. Hines, *The Architecture of Richard Neutra: From International Style to California Modern*［展覧会図録］（New York: Museum of Modern Art, 1982）, 52所収を参照。

★43 小動物と昆虫によって引き起こされる不安に関するランクの考えについては、*The Trauma of Birth*, 13-17を参照。

★44 早くも戦前から、ノイトラはこれらの主題を計画的かつ形式的に発展させ始めていた。広く模倣された学校の設計では、例えば、ノイトラは教室内の活動を外まで溢れ出させることに固執した。子供たちは時間上、出生のトラウマに最も近いところにいるため、内から外への移動の克服をどのようにしたら達成できるかを最も知りたがっているのだと、彼は考えた。

★45 RJNからハマーマンへの書簡、1953年6月2日、ノイトラ・アーカイブ所蔵。

★46 ノイトラの専任写真家ジュリアス・シュルマンとの関係及び両者間の建築写真に関する議論については、Joseph Rosa, *A Constructed View: The Architectural Photography of Julius Shulman*（New York: Rizzoli, 1994）, 42-54を参照。

★47 RJNからバーナード氏宛書簡、1947年5月29日、ノイトラ・アーカイブ所蔵。足りないディテールを埋めたり、建築に独自性をもたらしたりするためにノイトラは幻想や他の心理的要素に頼ったのだが、この成果は写真に最も効果的に表現され、再現された。この中で建築上のスクリーンと映画のようなスクリーンは崩壊し、精神を投影する機械と化す。第二次世界大戦後になってノイトラが、中流階級の顧客から多数住宅設計の依頼を受けるようになったのは、写真という手段を通して、画像にあるような環境を手に入れればくつろげると信じさせることができたからかもしれない。これらの画像は広告の一種で、あまりにも私的なことや特定の個人の家庭生活に深入りし過ぎたようなものが鑑賞者の気を乱すことは、決してない。この時代の広告については、Jackson Lears, *Fables of Abundance: A Cultural History of Advertising in America*（New York: Basic Books, 1994）を参照。

★48 Richard Neutra, "Client Interrogation-An Art and a Science," *AIA Journal* 29（June 1958）, 285-286。ハッカー財団での講演でノイトラは、建築家が「療法士であるならば、彼は治療を減価償却期間中、少なくともローンの半分を払い終えるまでは継続しなければならない」と主張した。"The Creative Process in Architecture," 1953年11月4日, 12, ノイトラ・アーカイブ所蔵。

★49 フロイトは、「若くて熱心な精神分析医は、間違いなく自分の独自性を自由に議論に持ち込みたがるだろうが、私はこれが間違ったやり方であると非難することに迷いはない。なぜならば、医者は患者に対して不明瞭な存在であるべきで、まるで鏡のように、患者から見せ

られているもの以外何も彼らに見せるべきではないからである」と書いた。Sigmund Freud, *Therapy and Technique* (New York: Collier Books, 1963), 123-124。

★50 例えば映画撮影用カメラや分析医の私生活のような他の今日的な現実同様に、これらの装置は精神分析文化の治療がその効果を発揮するのに必要な錯覚や理想化を断ち切らないように、決して目に見えてはならないのであった。

第 5 章
THE THERAPEUTICS OF PLEASURE
喜びの治療法

> リチャード・ノイトラは、
> そこに住む人が現在、そして永遠に
> 「気持ち良く感じる」建物を
> 設計することができる。
> 　　　　　ルース・ビービー・ヒル[1]

温床 HOT HOUSE

コンスタンス・パーキンズは、分析医に代金を支払うことなく永久に続く療法を受けるすべを見出した。それにもかかわらず彼女にとってノイトラとの金銭のやりとりは、どのような精神分析関係にあっても代金の支払いが治療過程の一環をなす能動的な部分であると捉えられているように、彼との関係の大切な一面であった。パーキンズとノイトラとの間で交わされた書簡からは、彼女が夢の家を現実の身の程を超えないようにするための苦心が読み取れる。1950年代のノイトラの顧客の社会経済状況は実に多様であったが、パーキンズはその中でも下端に近いところにいた。この家には、トレメイン邸のようなさらに壮大な建物に見られる仕上げ材は全くなく、室内装飾のほとんどは木、ペンキ及び無地の布からなる。金物類や特注の家具が不要となるように、例えば台所の棚は、単純な箱に引き違いのメイソナイト製の扉が付けられた。調度品については、廉価品を狙ったり、自らペンキ塗りをしたりして、基本的には中流階級にふさわしい予算の範囲内に収める努力の傍らで、パーキンズは「ノイトラ」作品であることがはっきりわかる家を欲しがった[★2]。彼女がノイトラに共感した目に見え

る美学を求め、他の建築家を差し置いてノイトラを選んだのは、専門家としての力量や経済的観点からではなく、この美学があったからである。特にここで大切なのは彼女が、ノイトラに家の設計を委託したことにより「人生をこんなにも幸せにする」方法を見つけられたと感じ、投資のしがいがあったと信じていたことである[★3]。

　ノイトラも、幸せを売ることには同じくらい興味があり、自分の家は効果的な投資であると信じていた。しかし、他の建築家であれば当然言うように、家が永遠に持つと言い張ってこう主張したわけではなかった。ノイトラにとって家の寿命とは、顧客の子孫の代まで持つものではなく、家は住宅ローンの期間に合うようにあつらえられた。ノイトラによると、もしも家自体と同じように建築家も「分析医であるのならば、彼の心理療法は償却期間にわたって、少なくとも住宅ローンの半分を支払い終えるまでは、持続させなければならない」[★4]のだった。とりわけノイトラという名さえあれば、資産の価値を高める一助になるのだと、主張した。「建築家は価値を維持することができる」とノイトラは書き、さらに「私自身たいへん保守的であると自任しているが、価値を保持しているのだ」[★5]と言う。このように、ノイトラは消費文化が建築生産に及ぼす影響については何よりも承知していたのだが、自分の作品については、施工の質、設備機器の点数あるいは消費者を惹きつける他の典型的な物品を強調するなどして、商品として扱うことは決してしなかった。逆に、家を〈感情転移〉の対象物とする設計上の特徴が、さらに消費者の欲望を引き出すように仕組まれていた。1950年代までには、ノイトラに家の設計を依頼することは、スパイダー・レッグや景観を映し込む水盤、突き付けになったガラスの隅部及びこれらに伴う文化的及び心理学的な力を買うことを意味した。

　こうした展開の注目すべき点は、ノイトラの作品が消費者中心の市場に入り込んだということだけでなく、このような取引が流通するよ

うになったことである。テレビ、掃除機や食器洗い機が設置されたアメリカの戸建て住宅は、一般に戦後技術を大衆化したものの宝庫として考えられている。この広く知られたイメージによって大量消費が戦後アメリカ文明の代表的特徴として確立されたのであるが、ここに含まれる消費の対象物及びこれを煽った数々の欲望の捉え方は限られたものである[★6]。文化的地位を得ることも、この取引上重要な要素であったのだが、ノイトラの顧客らは他のモダニズム建築家のほとんどが執着していた住宅設備や備品には注目しなかった[★7]。その代わり顧客たちは、「ノイトラ」を購入することで、美の喜びという治療法を通して幸せを手にする約束を得たのだった。顧客のひとりによると、ノイトラは「心理的充足の必要性について疑いを抱くことはなかった。この充足感はかつて"美学"と呼ばれていたが、彼はこの言葉の価値が減じ、歪んできたと感じていたので、口にすることを躊躇していた……この言葉を用いるのであれば、ノイトラは建築の最も重要な機能のひとつは、自然のものではなく構築された特定の物理的環境に置かれた人が、精神及び身体の安らぎを得られるようにすることであると、言うであろう」[★8]と主張した。戦後時期のノイトラの家は、従来の消費者技術を受動的に受け入れるだけではなく、新たな安らぎのかたちを能動的に生み出すものとなっていた。

　ノイトラが一連の戦後住宅を設計していた頃、建築に喜びを見出すこと自体は目新しくもなかったが、一方建築のもたらす喜びに癒しの効果があるとはそれまで誰も考えたことがなかった。例えば、ノイトラの精神分析の捉え方を条件づけた形態心理学は、喜びの追求とともに知れ渡るようになった。この領域では慣習として身体を、審美の対象物の効用を〈感情移入〉のやりとりを通して明らかにする記録装置として捉えた。そして、適切に受動する主体と適切にかたちづくられた対象物との間に想像された共振する感情は、性的なエネルギーを帯びているとみなされた。例えばハインリッヒ・ヴェルフリンは、芸術

作品の美を「男女間のように、共にあるべき内と外の形態」に関連づけて説明し、「両者は互いに向かい合っており、これらが一体となって初めて芸術が現れる」と述べた[★9]。このように交わる対象物は、"無関心性"というカント流の考えに従ってというよりはむしろ直接身体の機能や形態を通して、それをもくろむ側に充足感をもたらすのである。しかしヴェルフリンは、そのような内包された喜びの治癒的効用について言及することはなく、この種の論考は厳格なハイ・モダニズムが支配するようになるにつれ、おおかた勢力を弱めていった[★10]。

　建築とその修史の両方における機能主義と*新即物派*の伝統は、この慣習のエロティックな次元を積極的に抑制し、19世紀の予防的方策の再浮上を許容した。例えば『空間・時間・建築』でギーディオンは、ヴェルフリンに対する恩義を入念に述べるのだが、あくまでも時代の精神（zeitgeist）の考えの観点からだけである[★11]。ヴェルフリンの〈リビドー〉に基づく対象物への執着を覆い隠す一方で、ギーディオンは代わりに、そのものを生み出した文化を実に的確に描写できる建築の不可思議な能力に注目した。このようにして建物は、美の性質を実証するエロティックな側面ではなく、むしろ建物そのものの重要性に基づく、新たな秩序のもとに置かれたのだった。ギーディオンが歯切れ良い話しぶりのひだの中に建築の無防備さを覆い隠すことで、建築の論考を一掃しようと試みたことは、彼の説明する建物の多くが建築の浄化作用を例証するために引き合いに出されていた事実に似ている。このような清掃機能は、衛生的であると同時に治癒的なものとして捉えられていた。18世紀の病院で室内空間の浄化に用いられた空気室と同じように、モダニズム建築の大きな窓や平らな屋上テラスは、特に呼吸器系や神経系の疾患を患う者にとっては健康に良いとされた空気やエネルギーの対流をもたらした[★12]。モダニズムによって可能となった治療法は、もはや病院など治療を目的とした施設に限られなくなったため、建築の治療的特性は拡大されることとなった。代わりに

建築形態そのものは建物種に関係なく、緩和的なものへと変わっていった。この発展には非常に説得力があり、住宅の設計さえ、健康に良いものとなった★13。1920年代までに光と空気の操作は、神経エネルギーを排除して身体を浄化するだけでなく、建築の論考に内包されるエロティックな側面をも除去する、家で日常的に摂取する強壮剤の一種となっていた。

　身体を〈感情移入〉の喜びの発生源として捉える発想と、医療及び公衆衛生の診療行為の対象物として捉える発想は、まるで異なったものであるかのように見え、確かにそれぞれは反対方向を向いているのだが、両方とも19世紀——ノイトラが英雄視した、ヴントの時代——を起源とする。この時代にはまだ心理学と生理学は、はっきりと区別されていなかった。ゆえにモダニズム建築は通常その形態を、美の喜びの対象物として、また同時に健康維持のための手段として提供したのである。ノイトラは、これに加えて美の喜びを、一般論としてだけでなく特に精神衛生に関連づけて、健康に良い効果の発生源として定義づけたのだった。充足感の追求とまさに喜びの概念を、〈リビドー〉ゆえにエネルギーの流れとの関連で創られた環境に結びつけることができたので、精神分析がこの展開の鍵となった。事実、抽象的な空所としてではなく、多様なエネルギー形態で埋まったものとしての空間の感覚は、さもなければ発散的なこれら近代性の形態が共有する共通項なのである。

　フロイトが人間本来の衝動を精神エネルギーの形態として説明したのと同じように、その美しい対象物はヴェルフリンを感動させた。広く知られていることだが、精神分析は精神疾患を無機の神経症へと転換する以前の神経学から、直接発生したものである。この転換では、身体に実際に起きている攪乱として捉えられた病気が、心像と性格の歪みへと置き換えられたのであるが、エネルギーは精神分析上いまだ重要な概念であった。精神分析は、欲動、本能、そして何よりも〈リ

ビドー〉の言語抜きにして語ることはできない。しかしこれらのエネルギーの重要性は、精神分析によって発明されたわけではなく、また精神分析特有のものでもない。実際、モダニズム建築が光と空気とを的確に配置することによって治癒しようとした精神的危機には、フロイトが対話療法を通して再度方向づけしようとしたエネルギーと同じエネルギーが伴った。ヴェルフリンの用いた欲望を表すあからさまな言葉をギーディオンが抑制したように、モダニズム建築が神経を落ち着かせようとするのは、たとえ図らずとも〈昇華〉▶1作用の表れとなっていた。〈リビドー〉は、たいがい精神分析の専門用語として捉えられながらも、初期のモダニズムには同種のエネルギーが渦巻いていたのだ。これらの生理的、精神分析的、そして環境的な力がノイトラの中で収束すると、このエネルギーによって美の喜びは一種の治療へと転換され、家庭環境は「喜びの館」へと移り変わっていったのである★14。

　ノイトラは、フロイトの〈リビドー〉にまつわる性の理論を、エネルギーと環境の理論へと拡張することにことさら関心を抱いていた。これを実現するためにノイトラは、フロイトが「抑制されたエネルギーを症状へと転換すること」と説明した〈昇華〉の定義に注目した★15。しかしノイトラは、〈抑圧〉▶2の症候学を開発することよりは、エネルギー全般の変異を理論化するモデルを確立することに関心があった。従ってノイトラはフロイトについて、「彼の考える性のエネルギーの別のものへの〈昇華〉は、エネルギー転換の概念とたいへん似ている」と書いた★16。ノイトラはこの推定的な〈昇華〉の定義を「身体の他の場所で起こっているいっそう強力なエネルギーの相互作用」に関連づけた。「そこでは、もととなるエネルギーがさらに広く複雑なかたちで働きかけている」のだった。ノイトラは建築躯体を、以前の建築家たちのように、比率の体系あるいは機械としてみなすことはなかった。躯体はむしろ、世界の他の場所で発生したエネルギー交換を反復

▶1　sublimation：本能衝動が本来の目的や対象から逸らされ、より社会的意義のあるものに向けられるために抑圧が必要でなくなる現象
▶2　repression：受け入れがたい概念を意識から排除する、防衛機制のひとつ

し、増強するエネルギーを集約したものであった。最も重要なのは、ノイトラがこれらの有機的過程を、「空間の純度」についての建築的幻想を妄想へと変えた「生活の不純物と粗悪品」と捉えていたことである[17]。フロイトは、具体的に〈リビドー〉のエネルギーが神経症の兆候へと〈昇華〉されるのだと主張していたのであるが、ノイトラにとってこれは身体の内と外とを流れる、あるいは従来のモダンな空間に起因する神経症と呼べるようなものを顕わにする、各種エネルギーの一般モデルの役割を果たした。空間は純粋であると主張する者もいたかもしれないが、これらエネルギーの存在とこれらの作用がもたらす影響により、空間は不純物の混ざり込んだ環境となっていたことが明らかにされた。

　ノイトラのエネルギーと環境についての考えは、フロイトの思想からの展開であると同時にフロイトに対する批評でもあった。一方でノイトラは、〈昇華〉と変異の考えそのものについては積極的にフロイトに依拠した。他方で、フロイトが精神分析の発展から心理学上の課題でないものを意図的に除外したことについては断固として批判した。ノイトラは、フロイトが「純然たる心理学を放棄した」のはまさにこれらのエネルギー交換の領域においてであったと主張した。フロイトの〈リビドー〉エネルギー、〈抑制〉や〈昇華〉についての考え方は一般的に、精神分析理論上不可欠なものとみなされているが、逆にノイトラはこのように、フロイトの作品のこの核心に「無意識の矛盾」を見出したのである[18]。精神分析の心理学的限界を検証したり、*現実を関心の対象から除外あるいは否定することの意味合い*を問題にしたりするのは、もちろんノイトラに限ったことではなかった。出生時のトラウマが重要なのは実際の出来事として、それとも象徴的な出来事としてなのかというランクのフロイトとの論争から、フロイトが誘惑理論において何度も立場を変えたことについての今日の討論に至るまで、超心理学的現象の位置づけは今まで、そしていまだに議論の絶

えない領域なのである。

オルゴン集積器　THE ORGONE BOX

〈リビドー〉エネルギーにかかわるフロイトの「無意識の矛盾」を追究する上で、ノイトラにとって重要人物となったのは、環境心理分析において類似の研究に夢中になっていたヴィルヘルム・ライヒである[19]。ライヒはランク同様、フロイトの主要な弟子のひとりとして活動を始めた仲間同士だった。加えて、ライヒは精神分析の仲間から排斥された後、ランクと同じようにアメリカに落ち着いていたのであったが、最終的には気が狂ってしまったと考えられている。早い時期に精神分析を政治問題へと発展させたことを評価したフランクフルト学派を除き、ライヒはフロイト正統派にとっては恥であり、歴史的人物としては一般的に無視されてきた。しかし落伍者となるまでのライヒは、精神分析理論に多大なる貢献をしている。この非常に早い段階においてさえ、エネルギーと身体を第一の着眼点としていた。例えばライヒは、性格分析と〈抵抗〉に関する研究では、自我を保護するために作用する「鎧」、すなわち様々な身体表現、動作及び緊張に興味を持った。フロイトは言い間違いを同様に解釈していたのだが、ライヒは無意識の身体のしぐさの重要性に注目し、ゆえに身体を解析調査の道具とみなした[20]。ライヒにとって身体は、主体を透明性の複雑な形態で包み込むものであった。一方で身体の形態はエゴを包み隠す不透明な鎧を構成し、他方では、その同じ鎧が無意識を顕わにし、主体を透明にするのであった。

　これに関連し、また同じぐらい影響力のあった、最終的にはフロイトとの不和の原因にもなったライヒの関心には、性器性欲とライヒが「オルギア的能力」と呼ぶものが絡んだ。フロイトのように性機能不

全を神経症の症状とみなすことはせずに、ライヒはインポテンスや不感症のような現象に、神経症の生理学的*原因*を見出した。ライヒはセックスをエネルギー交換と捉え、この際性器の興奮が最終的に体全体に再分配され、散らされるとした。オルガア的能力を有する個人であれば、オルガズムの最中に身体すべてのエネルギーが放出される。ライヒから見れば、残存しているあるいは放出されなかったエネルギーはすべて神経症のエネルギー源となるのだった。〈リビドー〉はフロイトの研究においてさえ、生体電気現象として捉えられているが、ライヒはこの生理学的な見地をさらに深く追究し、定量化できる、すなわち科学的な〈リビドー〉の基礎を確立しようとした。メーン州に研究室と研究機関オルゴノン（Orgonon）を創設し、ここで性と生体電気のエネルギーだけでなく、放射性粒子あるいは大気及び景観自体のエネルギーについても研究し始めた。ライヒはこの普遍的な現象を「オルゴン（orgone）」エネルギー（「オルガズム」と「オーガニズム」にかけた造語）、この学問を「オルゴノミー（orgonomy）」と呼んだ。彼は最終的に、オルゴンエネルギーは雨を降らせ、砂漠を居住可能な環境に変えることで生態系を改変でき、癌を治癒することもでき、また放射能に対する全面的な防御手段にさえなり得ると主張した。これらの目的を達成するべく、ライヒはオルゴンボックスとして広く知られるオルゴンエネルギー集積器を設計、開発したのだった。

　ライヒは1940年から、綿、ガラス、木、石、ポリエチレン、スチールウール及び亜鉛鉄板を組み合わせた、人の入ることができる大きさの箱を作らせるようになった [図16]。有機材料は初めからオルゴンエネルギーを含み、さらに大気中からも吸収した。また金属類は、このエネルギーを屈折させ、特定の方向に導いた。これらの箱はオルゴンエネルギーを集めて増強し、中にいる対象者の血液と身体の組織にエネルギーを伝達し、概して健康的な効用を及ぼすのであった。オルゴンボックスは一般的には、オルガア的能力と性的魅力を高める装置

図16　オルゴンボックス

として考えられ、無秩序を導いたとして暗に非難された。事実、1947年に発行された記事「新たな性のカルトと無秩序」ではオルゴンボックスを、特にカリフォルニア州を夢中にさせていたボヘミアニズムの波に関連づけた[★21]。このボヘミアンたちこそノイトラの顧客であり、彼の作品はライヒと同じ抱負──環境制御、一層良いセックス、健康改善、そして幸せそのものを提供することだけでなく、同じ文化的境遇をも共有していた。ライヒとノイトラはウィーンで出会っていたと思われるが、ノイトラの顧客がライヒの教えや手法を試して

いたことは確かである★22。この時期のノイトラの顧客は、オルゴンボックス使用者とプロフィールが重なる。すなわち、ローガー家のような子供を学校に通わせず、自宅で教育する菜食主義者。ロヴェル家のような健康管理や自然食の熱狂者。あるいはムーア家のような、裕福なインド神秘主義の信奉者たちであった。しかし、このさもなければ奇妙な人物からなる集まりを最も強く結びつけるのは、彼らがみな心身平行論の概念に基づく治療的自己改善の探究をしていたことにある。彼の顧客たちは、家庭では自然エネルギーが物理的に充満した環境に身を置くことで、精神衛生を改善できると信じていた。

　ジョセフィーンとロバート・チューイー夫妻は、1955年、ノイトラに家の設計を依頼した［図17］。この家はオルゴンボックス使用者たちやティモシー・リアリーと彼のLSD実験の熱狂者たちのサロンとなった。この女流詩人と画家は、教祖クリシュナムルティの心酔者でもあった。ノイトラは、強烈な宇宙エネルギーの天然源であると信じられていたオーハイのクリシュナムルティの生活共同体に、彼らとともによく出かけた。チューイー夫妻の数多くの「信念」に共通するのは、神経、創造性、〈リビドー〉あるいは大気に関係する様々なかたちのエネルギーを利用し、制御することであった。チューイー邸の設計にかかわった者はみな、ノイトラの顧客たちからノイトラ事務所の職員や設計協力者に至るまでが、特にチューイー夫妻の過剰な創造的エネルギー及び神経症のエネルギーに不安を抱いた。設計のごく初期、彼女は、家が穏やかで混乱から隔離されていることを望み、抑圧的であってはならないと述べた。事務所側が記録したジョセフィーンとの電話の会話では、彼女がどれほど常に神経質であったか、また「彼女の不安の荷を降ろす」場所としてノイトラの事務所を常に利用しなければならなかったことが強調されている★23。ロバート・チューイーも自身を神経質なタイプであると言い、この家に住むことでこの持病を治すことができたと信じていた。チューイー夫妻はふたりとも、家

図17　リチャード・ノイトラ、チューイー邸、ロサンゼルス、1956年

を彼らの創造的エネルギーを増加させる装置として考えていた。そしてことの発端からこの家の根底には、ジョセフィーンの子供を産みたいという欲望があったのだ。

　ノイトラと打ち合わせをし始めたときから、ジョセフィーン・チューイーは家の建設を、子供を望むことと関連づけていた。家の代金は、ジョセフィーンが母親からの相続金を充てて支払う予定であった。母親は存命中、娘には平凡な家を建てて欲しいことをよく口にしていた。だが彼女が亡くなると、ジョセフィーンは自由にノイトラに設計を依頼できるようになり、罪の意識が全くなかったとは言わないまでも、彼女の母親がおそらく反対した建築家を選んだ。「ノイトラ」を手にすることは決心していたものの、例えば寝室をいくつ欲しいかなどの施主として求められる基本的な判断がなかなかできずにいた。1955年6月、夫妻が家の平面を計画している最中に、初めからふたつ目の寝室を家の計画に入れておかなければ、いつになっても赤ん坊を産む準備ができないかもしれないことに、ジョセフィーンは気づいた[★24]。家の設計はなぜかジョセフィーンが母となることの責任を負うこととなり、浴室、扉、廊下や他の建築計画上の要素は、子供がいるかいないかを念頭に置いて話し合われた。ジョセフィーンの母性的な感情は、家の配置決定にも及んだ。ノイトラがチューイー夫妻に、隣の建物が今ほど見えなくなるように家の向きを変えることを説得しようとしたのだが、彼女はノイトラに手紙を書き、「現に、私は建物を東南東に配置することを気にしていません。このように空中の島に置かれていることが、いくらか古い記憶を刺激するようです。今日、母子が中庭から洗濯物を取り込むのを見ていたのですが、その距離からであってもこの光景の暖かさを感じることができ、決して目障りだとは思いませんでした」と伝えた[★25]。チューイー婦人は、モダンな家に住むことが子供の心理に及ぼし得る利点について大まかに思いを巡らし、1955年9月、スパイダー・レッグやガラスの隅部について交渉を進

める中、妊娠を告げた。家の完成を間近に控えたその6ヵ月後、彼女は死産した。

　ジョセフィーンの待望の家と待望の子供への思いが絡み合っていたので、ようやく家が完成したときに彼女が述べた気持ちには独特の響きがあった。「この家には絶対的な存在感があります」と、ジョセフィーンはノイトラに宛てて手紙を書いている。「存在することが奇跡であるということを、家は記憶しているのです[26]」。ジョセフィーンとノイトラの間柄は、コンスタンス・パーキンズほど深い〈感情転移〉を伴う関係までは決して発展することはなかったが、代わりに家自体が愛の対象物となり、彼女の実り多くありたい欲望を受け入れる場所となった。チューイー夫妻はふたりとも、家のおかげで精神の病が軽減されたこともあったが、これにも増して彼らの創造性が増強され、生活に喜びがもたらされたと言った。この喜びを、「私たちはますます元気づけられるようになっており、今後家自体の本質を満喫できれば、私たちの作品は量と質の両方において、今まで以上に実り多くなることと思います[27]」と表現した。彼らが「崇高な」あるいは「流れる」空間と呼ぶものから得る刺激によって、高い生産性を達成できると思う感覚は、ノイトラとの当初からのつきあい方によって、過剰に決定づけられていたのかもしれない。例えばノイトラはジョセフィーン宛の手紙でこのように書いた。「チューイー夫人、空間にはそれ自体の生命があるとおっしゃるのはごもっともです。現実として、空間は全く抽象的でないと思います。事実、振動する生命そのものです。もしそうでなければ、私たちのすべての感覚をこのように刺激することもありません。私たちの感覚は確かに生きているのです[28]」。次いでノイトラは、建築的効果によって感覚器官がかき立てられたときに発生する「エネルギー交換」を説明した。チューイー邸やこの時代の他の家には、居住者がオルゴンボックスでどれくらいの時間を過ごすのが良いのかという次の取り扱い説明書が付いてきたとしても不思議

ではない。「心地よく、そして"輝いている"ように感じる限りは、オルゴン照射を受け続けるのが望ましい。敏感な人は、ある程度受けると"もう十分"と感じるだろう。そして、"もはや何も起きていない"という感覚として表れる。生命体は正確に自動調節して、オルゴンエネルギーを必要とする量しか吸収しないのだ[29]」。チューイー邸はジョセフィーンに、多様なエネルギーと環境が注ぎ込まれたモダンな空間特有の、癒しの喜びをもたらすのであった。

　チューイー邸は、ノイトラが1950年代に設計した家々でまとめ始めた、一体として新興の環境治療学の形態をかたちづくる技法のいくつかを採用した典型例である。1950年代になると、彼の家には多様な素材が用いられるようになり、雰囲気を制御する特異な手法が開発され、視覚の装置だった窓は気候と空間の装置へと転換された。これらの要素は、ノイトラの住宅建築の隅部でたいへん強力に一体化された。広く知られているように、既に1910年代から1920年代までにモダニズムは、この新たな建築の可能性を実証するために隅部を啓蒙的に利用しようと、目をつけていた。隅部が窓と隣り合わせになると、この接続部は近代的な構造を顕わにするだけでなく、建築の可視性や演出システムとの関係を明らかにするうえでも優位な場となったのである[30]。しかしながらノイトラの戦後作品では独自に、隅部と窓とが一体となり、窓壁を用いて複雑にめりはりが付けられた、無限に続く環境が生み出されている[31]。これは居住者に対して数々の視野だけでなく、身体と空間が室内と屋外との間を行き来できる道筋をももたらすのである。このような発展により、インターナショナル・スタイルの箱はオルゴンボックスへと転換されていった。

　ライヒはオルゴンボックスの効用をもたらす主要素のひとつとして、特定の素材の使い方を挙げた。彼は何種類かのエネルギー集積器を開発していたが、原理はすべて有機材と無機材を層にして重ね合わせることにあった。一番多かったのは、外を木材で覆い、羊毛とスチール

ウールのように、様々な比重の有機材と無機材を交互に重ね、内側に金属板を張ったものだった。この組み合わせには、オルゴンエネルギーが内包されている、あるいはこのエネルギーを環境から引き寄せるのだと、ライヒが信じた材料が含まれた。ライヒの理論によれば、金属を身体に一番近い位置に置くことにより、エネルギーを箱の中の人間に移すことができ、身体に既にあるエネルギーを増幅あるいは補完させるのであった。この効能を信ずる者に対してオルゴン集積器は、「チリチリして、ドキドキする」感覚を発生させた[32]。ノイトラ設計の戦後の家も同様に、材料の重ね合わせに特徴づけられる。戦前、彼の家は平らで真っ白な面を強調し、金属はまるで図形のように線形の要素として用いられた。それに対して戦後になると、彼は木材、金属、石、ペンキ、コルク、布、ガラスや他の数々の素材を組み合わせた。室内の表層は、素材を平らな単一の面にするのではなく、これらを積み上げてレリーフとした。ノイトラは、厚くした壁の断面を顧客が見られるようによく図面を描き、同様に構造自体を変更さえした。例えばカウフマン邸では、テラスの骨組に鉄と木材を組み合わせて用い、この計画を気候に関連づけて説明した。「空間をかたちづくる本体部分と囲い込む部分では、気候に耐えたりあるいは反応したりすることができるように、サンドウィッチ状にされた外皮が用いられている[33]」のだった。実際、有機および無機材料、反射あるいは吸収する表面の積層は、素材の入手しやすさや施工上の必要性に単に対応したというよりはむしろ、これらのインテリアに意識的に与えられた特徴である。動きある光と空気が、多様な抵抗値や粘性を生み出したり、内包したりする素材に遭遇すると、空間が励起される。ノイトラが特に石と木を使ったのは、台頭してきた戦後アメリカ中流階級に仕えるために、モダニストとしての理想が「ぐらついた」ことによるのだと多くの場合みなされてきたのだが、こうした素材を使ったことで、彼がさらに受け入れられ人気を博すようになったことは間違いない[34]。しか

しながらこれらの素材を選択したのは、モダニズム特有の抽象的な空間に、大気中のエネルギーのたわみや流れを注入し、生気を与えるためであった。

　ノイトラが同じぐらい熱意を注いでいたのは、空気と水を今まで以上に効果的に気候制御に用いて、家の環境を設計することであった。彼の戦後の家の際立った特徴として、地上にだけでなく屋上にまで設けられた、景観を映し込む水盤が挙げられる。ノイトラは早くも1935年に、ジョセフ・フォン・スターンバーグ邸を水で囲んでいる。それはハリウッドの大御所に実にふさわしく、周囲を取り巻く堀にまもられた家を、霧で覆ったり、豪雨に包んだりできる特殊なスプリンクラー設備系統も設置され、まるで劇場のようになっていた。しかしのちの家になると、水は内部と外部との間を流れるがままにされ、今までのように内外をはっきり区別する境界としての扱いとは異なっていた。普通水は表面を覆う薄い面として使用され、室内ではテラゾや鏡が反射面を生み出すように、屋外に反射面を生み出す手段となった。加えて、特に浅い水面は、家の中に微気候を発生させるために導入された。灌漑施設と一体化させてオアシスを造ろうとしたように、乾燥した空気が蒸発することで冷やされ、湿気を帯びるようになっていた。このような水を絡めた手法は、空気流の設計と連携して用いられた。ノイトラの戦後の家には、卓越風が家の中を吹き抜けられるような、一連の複雑なルーバー機能がよく見られる。ベンチの中や窓下に隠された可動式の木製蓋が持ち上がり、地表近くの空気の流れを取り込むようになっている。同時に、屋根面の高さに変化をつけることで、壁の高い位置にある採光窓より上方からの空気の導入を可能とした。このように環境に作用する装置を用いて壁、屋根や室内の表層を改変することで、ノイトラが戦後もたらした家庭生活環境は、インターナショナル・スタイルの家の形態を脱理想化させることに成功したのである。

窓の治療効果（あるいは窓装飾）　WINDOW TREATMENT

窓は、ゴシック大聖堂以来のいかなる建築におけるよりも近代建築において、重要な要素となった。窓は近代建築の外観デザインにおいて、もっとも著しい特徴をなす。したがって、その取扱いは最高の重要性をもつ美学的問題である。
——ヘンリー＝ラッセル・ヒッチコックとフィリップ・ジョンソン『インターナショナル・スタイル』▶3

モダニズムが建築を完成された空間の抽象化に関連づけて定義したのであれば、ノイトラの影響力のある窓廻りの新しい設計を見れば、戦後の建物は環境によって再度かたちづくられたことがわかる。20世紀初頭からハイ・モダニズムは、ガラス構造物が持ち合わせる転換力を空想してきたが、建築家たちが目標としたのは、大部分において明瞭かつ純粋な建築を造り上げることだった[35]。いかに大きく、どの方角を向いていようとも、窓は内外間の明確な境界を示していた。例えば、テューゲントハット邸からファーンズワース邸に至るミースの作品では、窓の下端は決して外界と面一になることはない。すなわちこれらの家には、めまいが起きるほどの落差があり、室内空間と屋外空間とが連続であるとの錯覚を否定する。同様にル・コルビュジエは、窓壁と呼んだものが必要であることを訴えたのだが、これらの要素を室内を封じ込めるための静的な構造物として予見していた[36]。実際、ル・コルビュジエにとって窓は、構造物内部の環境のばらつきをなくすため、かつ空間の純粋性を保証するための手段であった。これとは反対にノイトラの作品では、家の共用空間の窓は屋外の地面と連続する床面から天井まで続くだけでなく、実際に開け閉めもできた。ガラス施工技術の進歩により、窓の規模は拡大し、地味な家においてさえますます採用されるようになった。つまり誇り高き戦後の郊外住宅で

▶3　邦訳：ヘンリーラッセル・ヒッチコックとフィリップ・ジョンソン著、武澤秀一訳『インターナショナル・スタイル』（SD選書139）鹿島出版会、1978。訳文は、邦訳（57）から引用

あれば、見晴らし窓が必ず見られた[★37]。しかし、窓を絵画の規模を超えるほどに拡大しながらも、構造物全体をガラスの箱にすることをあえて避けたのは、ノイトラだけである。もはや窓壁は、ル・コルビュジエでの作品のように主として眺めを枠で囲んだり、伝統に従い構成されたあるいは幾何学的に厳密な空間の輪郭を描いたりするものではない。代わりにノイトラの窓は、家の構造体から一定のかたちのないまま漏れ出る——この位相幾何学的にはためく生活感を帯びた膜により、ずいぶん不明瞭で粘性の高い環境がかたちづくられる。

ライヒがオルゴンエネルギーと呼んだものを捕らえる水、層状に重ね合わせた材料、窓の開口部やその他の装置は、ノイトラの戦後の家のほとんどの共用の部屋に見られるガラスの隅部において、最も劇的に一体化した。これらの隅部では、床から天井まで続くプレートガラスの広がりからなるふたつの面が突き付けで納まり、空間としては強烈に曖昧なガラス張りの環境を生み出す。不透明性と透明性、内部性と外部性、固体性と液体性の間の振幅が、知覚を混乱させる。ノイトラが「ドキドキする」ほど強力な、と言い表したこれら心理的及び視覚的効果は、この隅部において一連の建築ディテールが重ね合わさることにより、さらに増強される。スパイダー・レッグが垂木と梁を屋外まで延長し、構造体の位置を移し替え、混乱させる。通常はそれぞれはっきり異なる壁、扉、窓という建築の要素を、ガラスが視覚的かつ機能的にも繋ぎ合わせることによって、それぞれの違いを抑え込む。外部の深い軒は、ガラス面への映り込みを防ぐ。夜には、屋外灯によってガラス面の透明性が保たれるので、空間の連続性もそのままである。材料は妨げられることなく、室内から屋外へと、また床と天井の両方に及んで移動する。ノイトラの指導のもと撮影されたシュルマンの写真さえも、家の光景を枠に嵌めることはなく、むしろ動的な視点から建物を見通す。最後に、窓に隣接する場所に戦略的に配置された鏡によって、これらエネルギーの曖昧さを帯びた要素は際限なく増幅

される。

　建築の室内と屋外とを巡って長年続けられてきたやりとりのこの一幕は、ふたつの未知の現象の衝突の表れである。すなわちこの現象とはひとつに、建築の環境との関係の間に確立された新たな親密さ、次いで観念的あるいは無意識的な観点からではなく、精神生理学的観点からの理解による主体としての人間という建築上の発明である。ノイトラの窓となった隅部では、建築の見かけが人間の生理機能と作用し合うことで、精神的な充足感と喜びを生み出すように意図されていた。『生活とかたち（*Life and Shape*）』中の数ページは、ノイトラが幼少期に窓を前にしたときの思い出に充てられている。彼は「男の大工仕事の芸当」と呼んだ溝や脇柱に加え、「女の慣習」であった窓枠やクッションについても説明した。金物類を上手く操作することができない苛立ち——そのこと自体、「外側の世界に対する私の内側の気持ちを悩ませた」——に併せて、窓枠に頭をぶつけたときの痛みについても、思い出している。両者とも彼の内側の世界の空間を拡張するものであったから、彼は窓と同じぐらい鏡も好きだったと主張した。窓の近くに座ったノイトラは、「ここにこそ喜びがある」と記した。ここで建築は、応用生物学と心理療法になっていた★38。

　ノイトラが強い信念を持って開発した治療法の原理では、顧客と生活空間との関係にまさに焦点が当てられていた。今や顧客は人体として、また生活空間は精力的に神経系に働きかけ、さらにこれを通して精神に作用するものとして、理解されるようになっていた。ノイトラから見ると、近代的な抽象概念の求める清潔な空間は、技術と人口過剰によってますます汚染されるようになっていた。実際、19世紀末の空間恐怖症に起因する心理的不安は、20世紀中葉までにはノイトラ、ライヒ及び彼らの顧客では環境恐怖症として表れていた。このような展開は、1953年から54年にかけてアメリカの砂漠地帯で最高頂に達した。ヒロシマが生み出した妄想と予知とが混ぜ合わさって、ライヒ

図18　ヴィルヘルム・ライヒと雲破壊装置、1956年

は原子放射線からUFOに至るまで、あらゆるもののもたらす荒廃に対して極度の不安を感じるようになった。オルゴンエネルギーの健康的で修復的な効用について継続してきた実験の一環として、彼はアリゾナ州に雲破壊装置を持ち込み、雨を発生させることで大気を浄化しようと試みた [図18]。環境を治癒しようとする一方で、ライヒは砂漠の乾燥した土地に彼が近代的生活の「感情の砂漠」と呼ぶものとを関連づけていた[39]。1950年代にはノイトラも西部の砂漠地帯におり、数件の家が建設中であった[40]。彼も、地球環境が大惨事に直面して

おり、世も終わりに近づいているのではないかと心配していた。ライヒの雲破壊装置と同じように、ノイトラの家は周囲の局所的な環境を変えるように造られ、ノイトラは「気象発生装置あるいは人工住宅気候制御設備がどこにでもあるようになり、町内全体を核戦争時代にふさわしい窓なしの集合住宅として地下にもぐらせることができるような」時代が来るのを夢に描いた[★41]。たぶんここで最も重要なこととして、ライヒがアリゾナに現れたとき、ノイトラはちょうど『生き抜くデザイン（*Survival Through Design*）』の最終仕上げに取りかかっていたことが挙げられるであろう。この出版物で彼は、将来環境心理学となる分野に関する考えを最大限に発展させたのだった[★42]。アメリカの砂漠は、典型的なモダニズム空間として捉えられてきたのだが、モダニズム空間が「ただの数学物理学の抽象概念のみならず、ドキドキする心身相関の現象」へと変換されたのもまさに同じ砂漠においてであった[★43]」。

1953年までにノイトラの家は、まるで目に見えない何らかのエネルギー源の働きかけで動かされているかのように、壁と面がダイナミックに滑る箱へと完全に転換されていた。ノイトラによると、そのような環境に身を置くと、ライヒが喜びの生物物理学的基礎であると考えた無意識の感覚反応である「受動的機能」が活発化されるのだった。特にロヴェル健康住宅がよく知られるノイトラの初期の作品においても、建築と身体との関係に関心が及んでいたのだが、心理学的影響を受け入れ、精神療法をもたらす建築を求めるような社会が発展したのは、第二次世界大戦後になってからであった。このような状況になって初めてノイトラは自らの宿命であると感じていたこと、すなわち社会全体を被分析者とする建築療法士になることの実現に向けて集中できるようになったのだった。ロヴェル邸が人間と建築的生物の内部構造——鉄骨の骨組が構造上、丈夫な腸内の衛生状態の同等物として機能する——に着目していたと言えるならば、ノイトラの戦後作品には

このような身体の精神的影響がさらに包含されていた。彼ののちの住宅作品は、自然食を食べたり、健康体操をしたりするための場所を提供するだけでなく、ノイトラが「心理－生理学的健全性」と名づけたものの増強を謳い文句にした。この発展に応え、彼は顧客たちに全く新しい建築上の選択肢を提示したのだった。「生活を支援し保護する、より開放的な背景に置かれたまとまり」として設計された家を選ぶことができたし、さもなければ「毎年900万人のアメリカ人同様に、精神分析医の待合室」に行くはめになるかもしれなかった★44。

　ライヒがオルゴンボックスを販売し、またノイトラが建築療法士として商売することを許容した文化は、米国的な幸せの追求が商業化され、かつ心理学的に分析された場でもあった。第二次世界大戦後のアメリカ人たちは、この法的に認可されている目標を、善良なる行いや宗教的あるいは精神的な改善を介して追求するのではなく、むしろ幸せを、ますます広範囲に及ぶ心理的な意味合いから、それもたいがい何らかのかたちのカウンセリングの購入を通して、探し求めるようになった。2度目の心臓発作を経験し恐怖に陥っていた時期にノイトラは、1950年代の人々は死を癒すためにさえ心理療法を求めるのだと考え、「心理療法、すなわち死との闘争あるいはこの前兆となる不安に対して救いを探し求めることには、ほとんど前例がない……幸せを、野心が満たされる安心感を得るために、人は医者、建築家、インテリアデザイナー、年老いた産婆、あるいは投資顧問を探し求めるのだ。私たちはロビンソン▶4のように、専門家にかかることなく自分なりのやり方で、生と死を経験しなければならないことを恐れているのだ」★45と書いた。この探求を依然としてアメリカ的たらしめたのは、その目的だけでなく、幸せは個人の責任であると同時に権利でもあるという感覚である。先代の人たちが神との個人的な対話を通して自己改善をしたように、現代人はひとりでオルゴンボックスの中に座るか、あるいはノイトラ設計の家に住むのだった。

▶4　Robinson (Crusoe)：ダニエル・デフォー作の小説『ロビンソン・クルーソー』(1719)の主人公が、漂着した無人島で自力で生きてゆく姿の例え

同様にアメリカ的であったのは、これら個人的な転換において自然が中心的な役割を担ったことである。初期のアメリカ人たちにとっての自然の役割と、彼らにとっての自然の役割とはずいぶん異なるものであったが、ライヒとノイトラは開拓者や先験論者のように、景観の中に近代化の及ぼす悪影響への対抗手段を見出した。ノイトラとライヒは両者とも、自然の治癒力を増強するように設計された装置をもたらした。ノイトラもライヒも自然の力について感傷的になることはなく、自然形態を表現することにも関心がなかった。その代わり、ノイトラとライヒにとって重要だったのは——すなわちそのような発展のいかなる点が建築にとって重要であったかということなのだが——空間が有機的環境として再認識されるようになったことである。ライヒにとってのオルゴンエネルギーは、ノイトラにとってのバイオリアリズム（bio-realism）の作用のように、世界の物質から光とエネルギーの流れまで、さらには動物生物学の細胞から人間心理学の幻想に至るまで、すべてのものに浸透する現象であった。ノイトラは敷地を念入りに検討する今までのような建築家とは全く異なり、「粘膜全体を湿らすように鼻をかみ、はっきり見えるように瞬きをし、良く聞こえるように耳を反らせ、太陽から熱を受けることができるように、そして毛根がそよ風の中で振動できるように肌を晒しなさい。自然景観に加わるとは、こういうことなのです」と書いた[★46]。

　LSD常用者の女流詩人からメリヤス商の実業家までの多様な人種を、ノイトラの設計した家の隅部へと追いやった、この新しい米国的な幸せの追求の姿の最も驚くべき点は、これらの建物に住むことが喜びとなるように意図されていたという事実である。ここにある増強された環境は、美の経験や日常生活の従来の概念を、〈リビドー〉に基づく〈同一化〉へと転換した。形態心理学のならわしによれば、審美の対象物は人間の身体の形態を通して主体に関係づけられるのだが、ノイトラはこの関係にさらに強い親密な意味合いを持たせた。彼はこう言って

いる。「言ってみれば、外部と内部の景観とが継続的に融合し合っている。私たちの実存の最深部は、外部の潮流や影響に晒されている。私たちの皮膚の障壁としての機能はほんのわずかであり、私たちが持ち合わせている100万もの知覚は100万の口や人体の開口部のようであり……目はもちろん光線を吸収し、鼓膜は振動する★47」。建築家の仕事は、この環境の影響を受ける生理的な反響の喜びを、治癒的療法を生み出すために用いることであった。ノイトラは窓の扱いにおいて、彼自身「有益なトラウマ」と呼んだものと、ほとんどオルギア的な効果を当てにしていた。ノイトラは1953年に所有者の変わったネズビット邸に立ち寄り、窓が閉まったままであるのを不思議に思ったことを描写している。ノイトラはこの経験を、「私は立ち上がり、大きなガラス引き戸の敷居に取り付けてある落し金物を開錠し、戸を横に滑らせた。すると歓喜の叫びが幾重にも重なって木々の頂点へ、さらには空へ、たぶん天国にさえも響き渡った……ほとんど信じられなかった。というのも女性は家をいつくしみながらこの家に1年間住んでいたのだが、ガラス面を滑らせて広々と開放できることを知らなかった。彼女にとってこのことは魔法のようであり、新たな人生の春の発見であった。想像してみなさい、まるで誰かが翼を広げて飛べることを発見したかのように！　芝生では、狂喜の踊りが繰り広げられた。私はキスされ、さらにもっとキスされ、みなで祝杯に酔いしれた」★48と記している。ノイトラによると、壁、窓と戸からなる住宅での組み合わせは、もはや家庭内の関係を内包し、管理するための単なる空間を超えて、「空間に探し求めた幸せの成就」であったのだ★49。

第5章 注

★1 T. Ruth Beebe Hill, "Fitting Life with a Shell," 日付なし、タイプ原稿、ノイトラ・アーカイブ所蔵。
★2 コンスタンス・パーキンズからハミルトン氏（Mr. Hamilton）宛書簡、1955年6月7日、ノイトラ・アーカイブ所蔵。
★3 コンスタンス・パーキンズからRJN宛書簡、1956年5月31日、ノイトラ・アーカイブ所蔵。
★4 Richard Neutra, "The Creative Process in Architecture," 1953年11月4日、12、ノイトラ・アーカイブ所蔵。
★5 Richard Neutra, "The Architect and the Community," *Journal of the Royal Architectural Institute of Canada* 32, no. 2（February 1955）, 52。
★6 建築におけるアメリカ化は、以下の文献において様々な観点から言及されている。Terence Riley, *The International Style: Exhibition 15 and the Museum of Modern Art*（New York: Rizzoli and Columbia Books on Architecture, 1992）; Jean-Louis Cohen, *Scenes of the World to Come, European Architecture and the American Challenge, 1893-1960*（Paris: Flammarion 1995）及びStephanie Barron, ed., *Exiles and Émigrés*（Los Angeles: Los Angeles County Museum of Art, 1997）を。
★7 ノイトラは、自ら設計した家に入れる物品についてかなりこだわり、顧客とこの件について長々と打ち合わせをしている。しかしながらこの会話は大部分、一般的な現代生活に含まれる物品ではなく、収集品や家宝のような私的なものを中心とした。これとは対照的に、例えばル・コルビュジエは、トーネットの椅子や純粋主義の瓶のようなオブジェ・ティープ（objets-type）を家庭用品とみなした。また、ピーター＆アリソン・スミソンのアプライアンス・ハウス（1956-1958）では、家全体が「調理、衛生、通信、収納及び維持管理のための機器がそれぞれに接続できるキュービクル」で構成された。Alison and Peter Smithson, *The Charged Void, Architecture*（New York: Monacelli Press, 2001）, 190-191を参照。
★8 ノイトラによる講演後、引き続き行われた全体討論で引用された。*Architectural Association Journal*, October 1948, 60。
★9 Mark Jarzombek, "De-scribing the Language of Looking: Wölfflin and the History of Aesthetic Experientialism," *Assemblage* 23（1994）, 28-69を参照。
★10 ヴォリンガーは、表現主義をこの伝統にはっきりと関連づけたのであるが、一般的にはこの流れの最終段階とみなされる。
★11 Sigfried Giedion, *Space, Time and Architecture: The Growth of a New Tradition*（1941; Cambridge: Harvard University Press, 1967）, 2-3を参照。
★12 この時代の病院設計についての多岐にわたる論考は、Robin Middleton, "Sickness, Madness and Crime as the Grounds of Form," in *AA Files* 24（Autumn 1992）, 16-30 and *AA Files* 25（Summer 1995）, 14-29を参照。
★13 近代建築の医療目的での使用については、Beatriz Colomina, "The Medical Body in Modern Architecture," *Daidalos*（June 1997）, 60-72を参照（邦訳：ビアトリス・コロミー

ナ著、五十嵐光二訳「近代建築における医学的身体」、磯崎新・浅田彰監修『Anybody 建築的身体の諸問題』NTT出版、1999所収)。

★14 早い時代の心理学と家庭生活に関する重要な研究については、Debora L. Silverman, *Art Nouveau in Fin-de-Siècle France: Politics, Psychology, and Style*(Berkeley: University of California Press, 1989) を参照。

★15 Richard Neutra、Ideas、1960年2月19日、ノイトラ・アーカイブ所蔵。

★16 同上。

★17 同上。これらのメモでノイトラはフロイトのことを、19世紀の心理学と現代物理学に関連づけて話題にしている。空間の純粋性や構造を顕わにすることに関するコメントは、Ideasの他のページに見られる。Ideas、1953年9月24日、ノイトラ・アーカイブ所蔵。

★18 Richard Neutra、Ideas、1960年2月19日、ノイトラ・アーカイブ所蔵。

★19 ライヒに関する研究は、一般的にふたつの見解に分類できる。一方では、彼の忠実な信奉者たちによる釈明があり、興味深い情報が満載されてはいるが客観性に欠ける。一例として、David Boadella, *Wilhelm Reich: The Evolution of His Work*(London: Vision Press, 1973); Colin Wilson, *The Quest for Wilhelm Reich*(New York: Anchor Press/Doubleday, 1981)及びMyron Sharaf, *Fury on Earth: A Biography of Wilhelm Reich*(New York: St. Martin's Press, 1983)を参照。他方、学術面から見るとライヒは、フロイトとマルクスとを結びつけようとしたことから、フランクフルト学派などにとっても重要な人物である。Herbert Marcuse, *Eros and Civilization*(New York: Vintage Books, 1962); Gad Horowitz, *Repression: Basic and Surplus Repression in Psychoanalytic Theory: Freud, Reich, and Marcuse*(Toronto: University of Toronto Press, 1977): Ira H. Cohen, *Ideology and Unconsciousness: Reich, Freud, and Marx*(New York: New York University Press, 1982); 及びRussell Jacoby, *The Repression of Psychoanalysis, Otto Fenichel and the Political Freudians*(Chicago: University of Chicago Press, 1986) を参照。両派ともライヒを別格の人物として扱うので、いずれもライヒを的確に精神分析の歴史や精神分析のアメリカへの浸透の経緯へと織り込んでおらず、彼の政治的な魅力はさておいて、大衆的な魅力にさえ言及することもない。

★20 ノイトラは、彼が「顧客と消費者の性格学」と呼んだものについてメモを書いている。ここで顧客を様々な心理学上のタイプに分け、建築家には「材料の本質を知らなければならず、建築家にとって最も大切な価値ある材料は種としての人間であり、性格学上の分類の種別としての人間である」と指導するのだった。Ideas, 1949, ノイトラ・アーカイブ所蔵。顧客から聞き取りをする時には、言葉として表されないしぐさや表情に気をつけなければならないこともよく強調した。

★21 ミルドレッド・イーディー・ブレイディー(Mildred Edie Brady)の書いた2本の記事のうちのひとつで、「ハーパース」誌、1947年4月号に掲載された。これらの文献が及ぼした影響については、Jerome Greenfield, *Wilhelm Reich vs. the USA*(New York: Norton, 1974), 56-60を参照。

★22 ノイトラの文書には、フロイトの家でどれほどの時間を過ごしたか、フロイトとの会話、ま

たフロイト派の分析医の一流の仲間たちとの接触について多くの記述が多く見られる。例えば彼は、「若かりし頃、わたしはジークムント・フロイト教授の家に頻繁に出入りしていた。私はまだ青年で、今日ロンドンで偉大なる児童心理学者として名を馳せるアンナ・フロイトは、当時14歳だった。彼の家には、ユングからランクやアドラーに至るまで、そうそうたる信奉者の仲間たちがいたが、当時はまだみな穏やかな門弟であった」と記している。ノイトラへのインタビューは、*Transition* (February/March 1967), 31を参照。たとえノイトラとライヒがこのような状況の中で実際に出会っていなかったとしても、ノイトラがライヒの作品を知りもしなかったということは考えにくい。さらに1997年のインタビューでジョセフィーン・チューイー（Josephine Chuey）夫人は、ノイトラが設計した彼女の家に集まった友人の仲間うちで、オルゴン・ボックスを使用したことを語っている。

★23　電話メモ、1955年10月26日、ノイトラ・アーカイブ所蔵。

★24　「会話記録」、1955年6月2日、ノイトラ・アーカイブ所蔵を参照。

★25　ジョセフィーン・チューイーからRJN宛書簡、1955年6月2日、ノイトラ・アーカイブ所蔵。

★26　ジョセフィーン・チューイーからRJN宛書簡、1956年10月1日、ノイトラ・アーカイブ所蔵。

★27　ジョセフィーンとロバート・チューイーからRJN宛書簡、1955年7月31日、ノイトラ・アーカイブ所蔵。

★28　RJNからジョセフィーンとロバート・チューイー宛書簡、1955年7月8日、ノイトラ・アーカイブ所蔵。

★29　この装置に付いてきたオルゴン集積器の取り扱い説明書中の文言である。Greenfield, *Wilhelm Reich*, 373を参照。

★30　ル・コルビュジエとオーギュスト・ペレの間で交わされた近代の窓としてふさわしい形態についての議論は、近代的な視野の再編成に関する重要な研究の口火を切ることとなった。Bruno Reichlin, "The Pros and Cons of Horizontal Windows: The Perret-Le Corbusier Controversy," *Daidalos* 13 (September 15, 1984), 65-78; 及び Beatriz Colomina, *Privacy and Publicity: Modern Architecture as Mass Media* (Cambridge: MIT Press, 1994)を参照（邦訳：ビアトリス・コロミーナ著、松畑強訳『マスメディアとしての近代建築　アドルフ・ロースとル・コルビュジエ』鹿島出版会、1996）。この議論は、窓の隅部との関係を含めるように、拡大する必要がある。フランク・ロイド・ライト、ルドルフ・シンドラー、ノイトラや他の建築家の作品において、窓のかたちだけではなく、むしろ隅部を窓としてガラスで納めることが、近代建築の構造的及び視覚的効果を再構成するうえで、強力な要素となった。

★31　ル・コルビュジエは「窓壁」(window wall) という表現を、"Techniques Are the Very Basis of Poetry" (1929), *Precisions on the Present State of Architecture and City Planning*, Edith Schreiber Aujame訳 (Cambridge: MIT Press, 1991), 35-66所収及び "Petite contribution ? l'étude d'une fenêtre moderne" 及び "Appel aux industriels" in *Almanach d'architecture moderne* (Paris: G. Crès, 1925) 所収で用いた。彼は窓の定義を、嵌め殺しのガラスの入った荷重を支えない障壁とした。すなわち、ル・コルビュジエの窓壁とは、一連のガラス張りの囲いを指し、英語で一般的に「カーテン・ウォール」と呼ぶも

のに近い。ノイトラはこのような建物を包む要素にだけでなく、1枚のガラス面に窓と壁と戸の機能を組み合わせることに関心を寄せていた。障壁としての視覚的効果よりも、この面によってもたらされる移動の可能性の方が、これら2種類の窓壁間の重要な違いとなるのである。

★32 Boadella, *Wilhelm Reich*, 174。
★33 Edward R. Ford, *The Details of Modern Architecture, vol. 2, 1929-1988* (Cambridge: MIT Press, 1996), 103。
★34 この評価は、トーマス・ハインズによる。Hines, *Richard Neutra*, 253を参照。このように材料が変化したことにより、都会の重要性は弱まり、一世帯住宅への関心が強まった。
★35 Todd Gannon, ed., *The Light Construction Reader* (New York: Monacelli Press, 2002) 所収の透明性と建築に関する文章から得るところは多い。
★36 本章★30を参照。
★37 Daniel Boorstin, "Walls Become Windows," in *The Americans: The Democratic Experience* (New York, Random House, 1973), 336-345; 及び Lynn Spiegel, *Make Room for TV: Television and the Family Ideal in Postwar America* (Chicago: University of Chicago Press, 1992)。
★38 Richard Neutra, *Life and Shape* (New York: Appleton-Century-Crofts, 1962), 36-38を参照。
★39 Boadella, *Wilhelm Reich*, 287-312所収、"Climate and Landscape" と題された章を参照。
★40 この時ノイトラはとりわけ、職場の診療所も設計した医師クレーマー博士の家のあったカリフォルニア州ノーコ (Norco) に向かっていたようだ。
★41 Richard Neutra, *Life and Human Habitat / Mensch und Wohnen* (Stuttgart: A. Koch, 1956), 27。実際ノイトラは、彼の設計する家と防空壕の外界への出入りしやすさと防御機能とを対比させ、両者を直接比較し、「防空壕は世界全体から完全に隔離された聖域であり、ガンマ線の侵入を防ぐ濾過装置が装備されることもある。私はそれと反対に、家庭の保護区域内に周囲の田園地帯の部分部分を取り込もうと常に試みてきた」と書いた (*Life and Human Habitat*, 25)。
★42 Richard Neutra, *Survival through Design* (New York: Oxford University Press, 1954)。
★43 この定義は、リチャードとダイオン・ノイトラの著書 *Bauen und die Sinneswelt* (Dresden: VEB Verlag der Kunst, 1980) の翻訳を機に、ダイオンが書いた下記の記事による。School of Environmental Design, California State Polytechnic University, Pomona Institute for Survival through Design, Los Angeles刊行の機関誌、1983-1984年号、33。モダニズムとアメリカの砂漠については、Alessandra Ponte, "The House of Light and Entropy: Inhabiting the American Desert," *Assemblage* 30 (1996), 12-31を参照。
★44 Neutra, *Life and Human Habitat*, 23。
★45 Richard Neutra, "A Doctor Treats Hopeless Cases So Why Not an Architect ?" Ideas, 1953年9月25日, ノイトラ・アーカイブ所蔵。
★46 Neutra, Ideas, 1954年3月20日, ノイトラ・アーカイブ所蔵。

★47 Neutra, Ideas, 1953年5月9日，ノイトラ・アーカイブ所蔵。
★48 Richard Neutra, "The Wide-Open Door," Ideas, 1953年9月8日，ノイトラ・アーカイブ所蔵。
★49 ノイトラの著書 *Life and Human Habitat* は、以下の文章で始まる。「人間の居住環境は、ただの住みかをはるかに超えたものである。これは、──空間における──幸せと感情の落ち着きの追求の成就である」(15)。

第 6 章

FROM HOUSE TO HABITAT
家から住居へ

味覚テスト　THE TASTE TEST

ライヒとノイトラは、空間を濃密な精神生理学の環境として再定義するために、エネルギー作用の考えを用いた。意味づけによって構成された世界ではなく、むしろこの実体との繋がりこそが、ノイトラがフロイトと衝突する発端となった。フロイトは神経細胞の現象に伴うエネルギーを神経症性障害へと変換させることによって、精神分析を出来事としての出生時のトラウマから、またさらに大きなエネルギーの場の部分をなすと考えた〈リビドー〉から遠ざけた。こうすることで同時に精神分析を、18世紀及び19世紀の精神衛生の概念に基づく治療用建築の様式からも、物質的な領域として捉えられた環境による影響からも遠ざけたのだった。ノイトラは、精神分析における環境の概念と、建築に用いられる環境の概念が、相反することに気づいていた。ノイトラは、フロイトに建築を学びたいと伝えた時のことを、「フロイト博士はただ微笑むだけだった。というのも、彼にとって人間の精神を形成し、発達させる影響を及ぼし得るのは、主に人間関係であった……一方で、この考えに同意するのであれば、私が建築を勉強することはとうてい受け入れられることではなかった」★1 と書き記した。

図19　リチャード・ノイトラ、車中で授乳する母親、
ガーデングローブ・コミュニティー教会にて、1960年頃

　心理環境に関する理論を展開する上でノイトラは、精神分析を真っ向から拒絶するのでもなく、また精神的な現象を病理学的、感情的あるいは純粋に物理的な意味合いから扱う建築に逆戻りするのでもなかった。代わりに彼は、フロイトの人間関係や幼児の成長に関する叙述を理解し、精神生活の台頭をさらに大きな生態学の一部として描き直した [図19]。このことを、「発達段階にあるたいへん親密な人間関係、例えば母親の腕の中にいる赤ん坊を考えてみよう。彼女が右の手のひらをその尻に当てて支え、左腕の肘下で優しく肩帯と、赤ん坊の頭もちょっと支えていることに注目しよう。彼女は赤ん坊に母乳を飲ませ始める——母親が赤ん坊に授乳するような関係を、私は自力本願の強い原始的な行為であると思う」と表現した。ノイトラはこの心理学的に潜在的な意味合いの大きい光景について、奇怪な実験を試みるのだった——彼らの居住環境の室温を徐々に高くし、湿度を倍まで上げる

146　第6章　家から住居へ

ことを、ノイトラは想像する。最終的に「赤ん坊は乳首から転げ落ち、母親はこのことに気づきさえしない」のだと、彼は想像する[★2]。〈分離〉というかたちをとる葛藤と衝突は、今までにも母子間の無意識の関係に導入されてきたが、この精神の葛藤はエディプスコンプレックスによってではなく、生理学的に引き起こされたものである。

　物質的エネルギーと精神的エネルギー間の連続性を主張することで、ノイトラは精神分析と建築との間に生じた矛盾を解決しようとした。この連続性という概念はむしろ、さらに広範にわたる課題を発生させる原理となった。胸中の赤ん坊の例は、一連の些細な関係やこれらが積み重なって生じる影響を表現するきっかけとなった。この見るからに単純な一光景に関係するいくつかの要素は、環境を構成し、境界や基準点の位置を明確に定め、さらに内側と外側とを関係づけるものであったので、ノイトラはこれらを特に建築的状況を生み出すものとして理解していた。ノイトラから見ると胸中の赤ん坊は、同時に建築的で物質的、美学的で心理学的、さらに構築されたものであり有機的でもあるような一連の作用を及ぼした。特に重要なことに、胸中の赤ん坊は建築とその背景の関係についてノイトラが特異な思慮を深める動機ともなったのだった。

　ノイトラからすると母親が子のために創り上げた環境は、精神的でありながら物理的なものでもあった。彼の文章によく出てくる比喩は、母親の空間と家庭空間、あるいは母乳と味覚や感覚の他のかたち、また幼少時の体験と環境との共通点に触れるものである。授乳する母親のイメージは、ノイトラにとって修辞上特に貴重であった。彼は、一般には自然状態の典型として理解されていたものを見かけ上技術的な状態へと転換したのだが、そのことにより脱工業化以降の環境での建築と自然間の関係を見直したのであった。ノイトラは乳を飲む赤子に、人間の精神に外部の対象物が初めて侵入し、これらが手段として利用される状況を見出し、「触覚に訴えるかたちが出現し、張りのある乳

房の乳首が小さな唇につかまれ、舌の味蕾の上にちょうど良い温度と甘さの液体が入り込む[★3]」と表した。ノイトラにとってこのイメージは、レヴィ・ストロースにとっての近親相姦の禁忌と似たような役割を果たす。つまりこれが自然と文化との間、すなわち本能と美学との間に引かれた境界線となる。ノイトラから見れば母と子は、形式上個別のものとして特定できる部分が作用するうちに融合される、意図的に構成された配置へと発展するのだった。口と乳房は使われている間は言わば一体ではありながら、複雑で生産的な存在をかたちづくるのである[★4]。

　ノイトラは、この授乳する一対の複合的なまとまりを「多様体」と呼び、この構成に美学が発生するのだと主張する。この多様体は、本能と情動の区別ができない、感情的な喜びをもたらす反響を生み出す。ノイトラの視点では、歴史的及び生物学的な時間軸上で、彼が多様体の「第一の美学」体験と呼ぶものに知性の活動が付け加えられたのだった。この結果出現したのが、自然と技術あるいは生物と文化との違いを考慮したうえで、「純粋性と不純性の概念を放棄しなければならない」ような、ますます複雑になった一連の反応であった[★5]。ノイトラにとって、純粋に本能的な反応には文化的及び知的な力が介在すると考えていたのと同じように、純粋に自然な状況を識別することは不可能であった。美の多様体という概念のおかげで彼は、知覚と判断、物体と感情、また自然と文化との間を途切れなく行き来することとなった。この考えの芽生えから、今までとはかけ離れた状況を包含する建築設計理論が発生した。すなわちこの多様体は、授乳から「子供が最初の形成期の年月を過ごす子供部屋、近代的な衛生観念の基本をしつけられる浴室、これらの部屋のある家、この家の立つ通り、学校、職場、信仰、さらには娯楽や保養のための場所もあるこの通りの属する町内——これらはすべて、私たちを取り巻く構築された環境と呼べるものの部分をなす場所まで広がるものであった[★6]。

ノイトラは、この構築された環境が一方で授乳する行為、他方で大都市の中心部の両方を網羅する多様体であると主張することにより、建築を精神分析に関係づけようとするフロイトの恩着せがましい態度に報いる方法を探っていた。しかし、物理的条件が心理的反応を引き出すのだと単に主張するだけでは、建築美学を十分に分析しているとは言い難かった。ノイトラは感情の状態と空間の状態との関係を理論化したかった。彼が最後に目指したのは、「外部景観を、親密な有機的出来事からなる私たちの内部景観」へと繋げることだった[7]。この繋がりは、生物的及び情動的な行動との連続的な流れに沿って内から外へ滑らかに移動することを想定していた。今までに見てきたように、この過程はノイトラにとって、一般的な意味においてではなく、特に彼個人の美的判断の原点であった。彼は自身の建築に対する趣味の形成を、住宅建築の実際の摂取に関連づけて説明した。「奇妙かもしれないが、私の建築の第一印象は、主に味覚的なものであった。私はベッドの枕のすぐ脇の吸い取り紙のような壁紙を舐め、おもちゃの食器棚の真鍮製の金物を磨いた。舌での検査に耐えられるような汚点ひとつない滑らかな表面に対する無意識の好みが形成されたのは、この場所このときであったに違いない。舌で試すのは、触診による検査のうち最も厳格なものである[8]」と、彼は書いた。

　ノイトラが例に挙げた乳を飲む赤ん坊と舌を駆使する幼児はある意味で、身体感覚としての味覚が美的判断の基礎と比喩になった、初期の議論や修辞への回帰でもあった。しかし、彼はこの繰り返しに、少なくとも3つの奇妙な特質を加えている。摂取の過程に文字通りそれも詳細に着目したということ自体、彼自身この主張が古臭い哲学的なものではなく、新しい科学的なものであると信じていたことを示す。彼は『生き抜くデザイン（*Survival Through Design*）』に、「私たちが形態を消費、吸収、消化する生理的機能を慎重に評価するために、これらが単純であろうと——私たちが現在属する工業化時代の条件である

──技術上の新規で不可解な必需品であろうとも、奮闘しなければならないのだ」と、記した[9]。2つ目も同様に、彼はモダニズムの反形式主義に対して、美について特に科学的で*即物的*な主張をしたがった。内と外、建築と景観、さらには物質と感情との間の開放性と連続性は、用途についての2つ目の主張を出現させる先験的な嗜好である。ノイトラは、「例の機能至上主義を象徴する標語を、難なく逆にすることができるだろう。それはつまり見かけが先にあり、これが明らかに機能上の事象を発生させるようだ。*機能は形態に従うのだ*（Function follows form)」[10]と書いた。

　ノイトラの精神生理学に関する主張のうち3つ目が、おそらく最も重要な側面であろう。このことにより彼は、建築体験の本質とこの持続形態に関する、いまだかつてない一連の考えを建築に導入することが可能となったのである。彼は建築美の概念の再構築に取り組んでいたにもかかわらず、この考えに普通含まれる記念性や文化的優位性を重要視することを意図的に避けていた。ノイトラは、モダンデザイン特有の知的で洗練された点や視覚性を重視する考えに焦点を当てる代わりに、自身の主張する、デザインによって意識的な体験にもたらされる背景に着目しようとした。「容易にかつ意識的に感知できる知覚のみが重要であるという考えは避けなければならない。人は、環境からの影響が意識に入り込むのは稀なことだと言うかもしれない……従って、たとえ普段私たちの意識の前面になくとも、建築環境とデザインのすべての非視覚的側面について、関心を持たなければならない」[11]のだと記した。ノイトラによれば、建築のすべての側面がこのように注意散漫な形態を介して機能するわけではなく、むしろさらに具体的に言うならば、最も容易に利用できるデザイン治療学の形態は、この「様々な種類の精神の背景で行われる活動の奇妙な組み合わせ」があってこそ機能するのだった[12]。

　ノイトラの味覚テストの理論──「外界をひと口ごと咀嚼し、次い

ですべての粒子を消化しやすい世界図へと満たす」ような「食べ物という物質の消化吸収のために、噛む、唾を出す、そして消化する」無意識のうちに行われる一連の行為——は、彼の建築療法に対する考えとその普及の中心をなす★13。この味覚テストによってノイトラは、集まる注目から建築が後退し、代わりに拡散し、未分化で、かたちの曖昧な感覚中枢に関与するようになる過程を説明することができる。この後退を通して、建築は療法的になる。というのも、注目されないようにすることで——実際、意識的に注目を逸らすことで——精神秩序の均衡が達成されるからである。ノイトラにとってデザインは、「形態、濃淡、色彩、臭いや騒音からなる混沌とした複雑さによって継続的に攻め立てられている」現代の日常生活を管理するものである。デザインとは「精神の分泌物」であり、知的な反応を求めることもなくむしろ、無意識下の体系づけや精神活動の休止を通じて、感情の安らぐ雰囲気を生み出すのである★14。

　ノイトラがこの種の環境デザインが「安らいだ休暇の精神」を生み出すことを言うのに、娯楽社会の用語を用いるのは、決して偶然でない★15。感情面での満足、神経エネルギーの消費によって利益を得る取引、欲求不満や本能的な喜びを表すのに、多かれ少なかれ精神分析を意識した彼の言葉の使い方は——初期の文章にさえ表れており——1950年代までには、台頭してきた戦後消費文化の言語と論理にますます絡み合うようになっていた★16。彼の建築生産理論としての味覚テストは、基本的には建築消費理論と繋がっている。ノイトラはこの両方の理論を、有機的、美的及び資本主義の観点から測定できる時間のもとで発生するものとして理解していた。従ってノイトラは、「形態のデザインは、どれだけの時間人目に触れ、どれほどの魅力が期待されているかという基準に支配されるべきである★17」と、考えたのだった。

　一方でノイトラは、昔ながらのモダニストの目でデザイン周期を見ていたので、ファッションを使い捨ての典型例とみなし、建築を永続

性を追究するものとして捉えた。彼はよく、女性の顧客たちに向かって、「ひとシーズン持てば良いようにデザインされた婦人服」と「25年経ってようやくもとが取れる家」との違いを説明した[18]。他方、何が特異であったかというと、ノイトラはこの今日的な婦人が多様な商品の種類ごとに異なる「償却期間」にかかわっているからといって、非難しようとは思いもしなかったことである。実際彼は、耐久性の高い商品や使い捨て商品の消費を、同じように耐久性の違いによって特徴づけられた美の体験に並ぶものとして理解していた。トラウマとなる過負荷から心地よい衝撃、さらには安定した慣習まで、「美の魅力から、不朽性あるいは永遠性を剥ぎ取らなければならない……これ自体の持続性、あるいはむしろこれらに対する*私たちの感受性*がどれぐらい*持続*するかを評価するべきなのだ[19]」った。従って、ノイトラは家の設計を依頼する顧客を、物やサービスだけではなく、様々な本能的な喜びの消費者として理解していた。そして彼は、戦後になって現れた手に余るほどの部類からなる消費者の台頭を体系づけるのに、持続性という特性を用いた。つまり商品には耐久性の高いものや、使い捨てのものがあるのと同様に、住宅建築から得られる喜びには、長期にわたる充足と短期に限られたものがあった。癒しの建築は、平衡状態にあるこのような満足感をまとめて提供することができた[20]。顧客は都合の良い住宅ローンや長期投資を求め、家からは「住宅ローンを返却し続ける間、年々印象的に繰り返される基本的な自然体験」を得たがった。同時に彼らは、あの「ほんのわずかな時間のうちに、瞬く間に引き起こされる幸せと愛の深い体験」を欲したのである[21]。

ムードと多様体　MOODS AND MANIFOLDS

「幅広の引き戸が心地よく庭へと開くことによって……"月ごとに"一

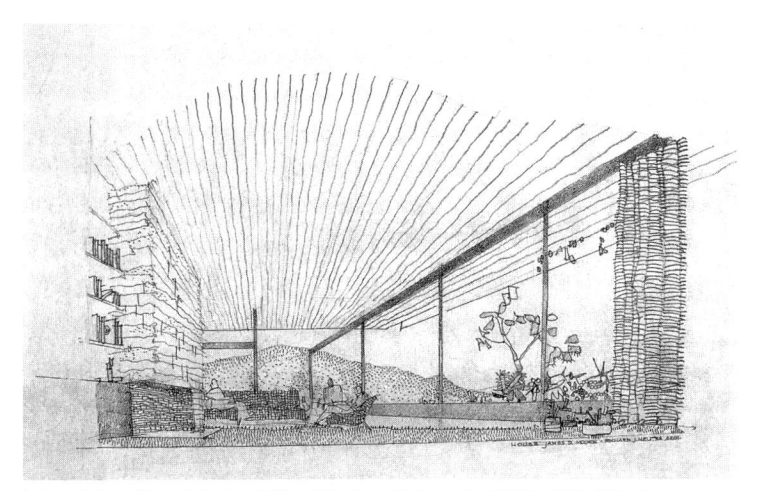

図20　リチャード・ノイトラ、ムーア邸、カリフォルニア州オーハイ、1952年、リビングルーム

家の稼ぎ手のように規則的に……また一瞬ごとに、すなわち一秒の何分の一かでは、恋人のごとくゾクゾクする満足感がもたらされる」。[図20] ★22
1950年代までにノイトラは、庭へと開かれる状況を中心に構成された、成熟した家の形式を展開していた。説教じみた隅部の窓、ガラスの壁及びモダニズムの模範となる他の様々な要点が蓄積され、窓／隅部／開き戸／引き違い戸／ベランダ／軒の出の複雑な組み合わせへと再編成されていた。ノイトラは、この領域によりモダニズムやガラスの家を支配する伝統へと関連づけられるのと同時にここから引き離され、モダニズムには別の解釈の可能性がもたらされる。ノイトラの建物でガラス張りの隅部が引き伸ばされ、弱毒化され、大きくうねる状態は、ミースの普遍性の概念、ル・コルビュジエの求めた視覚性、さらにはライトの現実離れした自然への信奉をも超越する。冷静というよりは情熱的であったノイトラの家は喜びの館であり、いくつかにはGスポ

ットさえあった。

　今まで見てきたように、チューイー邸とパーキンズ邸は、本能的なエネルギーを帯びるように意図されていた。つまり窓はこのエネルギーの爆発を制御し、その効果は劇的にもなり得た。ノイトラは、エミール・ゾラ[1]を殺したのは劣悪なインテリアデザインに他ならないことを引き合いに出し、建築家の選ぶ設計によって人は殺されるかもしれないし、ゾクゾクさせられるかもしれないと信じていた。ノイトラが自身をゾラに重ね合わせたのは、この作家を自身のバイオリアリズム（bio-realism）に対する関心の先人として慕っていたからである。しかしノイトラはゾラが死んだのは、過装飾のうえ密閉された寝室で寝ていたからであると信じていた。「彼の自然主義の原理と、彼のアパルトマンは全く別のことであった。彼は同時代の過激なインテリアデコレーターたちの手によって生かされ、死んだのだった[23]」。窓のない部屋での死に対するノイトラの不安と、彼自身が設計する家で窓をあからさまにエロティックに仕立て上げた様子の対比は、印象深い。ノイトラによると、遠方の眺望が得られる閉じた窓からは、稼ぎ手及び夫としての安定した継続的な満足感が得られるのに対し、開け放すことのできる窓壁は、日常からのわくわくする離脱であり、ノイトラはこの種の衝撃を何よりも情熱的な性の喜びに例えるのだった[24]。

　ノイトラが実際に窓が開けられることを強調することには、意味がある。まずこのことは、ガラスの家という分類に対する彼の関係を明らかにする。例えばル・コルビュジエが空想した技術に依存する環境は、窓は視覚的には機能するが開けられない、機械的に設計された室内空間であった。ミースのガラス張りの窓壁に対する理解は、実際に開けることができたにしても、開口部というよりはむしろ光景を映す面としてであった。いずれの場合も、窓を開けるという過程が偶発的で機能的な現象であるのと同様に、窓が開けてあるか、または閉めてあるかによって及ぶ影響は重要でない。窓を技術的かつ視覚的な間仕

▶1　Émile François Zola（1840-1902）：フランスの代表的な自然主義小説家。20巻からなる『ルーゴン・マッカール叢書』が代表作

切りとして捉える概念があってこそ、戦後になって見晴らし窓には一連の数多くの分類が生み出されたのであるが、これらの共通点はガラスの空所、透明性あるいは不可視性との関係性であることに変わりはなかった。これに対して、ノイトラの窓の操作性は副産物として現れたのではなく、実際家の構想の中心をなしていた。彼の家に劇的な代謝作用をもたらしたのは、日常的に、季節ごとに、あるいは無意識下では常時発生し得る窓の性能、さらにはガラスの物質的存在としての理解があったからこそ発揮された窓の性能であった。これらの性能は、すべてあらゆる速度で生じ、継続時間も異なっていたが、居住者を驚かせ、苦しめ、興奮させ、無力化し、そして喜ばせた。この行為を通じて生み出された全体的な状況はまたしても、個々の控えめな要素がひとつの行為において共に作用するように編成された多様体として理解された、母親と乳房のようであった。

　隅部の窓の操作性を強調することで、ガラスの家という区分におけるノイトラの位置づけを明らかにすることができるように、家と敷地との関係に対する彼の理解の奇妙さをさらに広く浮き彫りにできる。ガラスの家の問題は主として、ル・コルビュジエやミースとの比較に収束するのに対し、ノイトラの自然と景観の論点は今までは一般的にライトとの関係という枠組の中で扱われてきた。有機体論から地方主義、さらには地霊の論考に及ぶ広範囲にわたる「自然化」理論によって構築される系譜上ノイトラは、ライトの19世紀の現実離れした自然主義と20世紀における抽象化の重要視との間を繋ぐ人物として最も頼りにされたのだった。このようにライトを近代化するために、すなわち情緒的な自然主義に対するアリバイを構築するためにノイトラが利用されたことで、ノイトラがライトとどのように異なるかが理解しにくくなり、ゆえにその後ノイトラの作品を方向づけする路線の選択肢が狭められてしまったのである。

　ギーディオンは、自然そのものからノイトラへ、そしてそこから新

地方主義へと続く進路を敷設したのだが、この進路の起点にはライトを置いた。ギーディオンは、過去1世紀を「国土を全く尊重せず……土地を乱用し……都市を拡散的に発展させることで景観を破壊した」と公然と非難し、ライトの言葉、「人間は、生まれながらの権利である土地を奪われることはできないし、また自ら捨ててはならない。呼吸する空気や食べもの、飲み水を捨てることができないように、土地を捨てては心の健康を保つことができない[25]」を引用した。ライトとギーディオンとノイトラは実際、近代的な変化が進む速度とその特質が世の中を発狂させたという見方を共有し、建築が社会全体にもたらし得る多様なかたちの精神的改善を信じていた。しかしノイトラは、人は土地から離すことができ、また実際今までにも離されてきており、決して建築に対して昔の今以上に厳密な自然状態への回帰を主張したこともないと信じていた。それに対してライトは、世紀の変わり目に設計した初期のプレーリー・ハウスからグッゲンハイム美術館に至るまで、とうの昔に失われていたアメリカの景観の特徴を象徴的に用いた自然の力の表現に常にとらわれていた。ノイトラがライトの言動に可能性を見出したのは、実に表情豊かで空想的な表現力があったからだ。ノイトラは学生時代にライトの初期のプレーリー・ハウスの図面を見て、これらはシカゴ郊外にではなく、バイソンの群れやアメリカン・インディアンのテント(ティーピー)が立ち並ぶ中に置かれていると想像していたのだと、断言した[26]。もはや存在しないプレーリーのように平らなローマ煉瓦の段積みから、誰もが将来は世界最大の大都市となることを知っていた土地の真ん中に建てられたコンクリート造のホリーホック邸▶2のような住宅建築まで、ライトは際限なく続く一連の家庭的な室内環境を生み出し、外界へ開く物理的な開口部よりも、消え行く自然の秩序を埋め合わせる代用品を創り出すことに重きを置いていた。

　ノイトラは、フロイトの無意識を扱う記号論を拒絶したように、ライトの自然表現への固執をも拒絶した。早くも戦前にノイトラはほと

▶2 Hollyhock House (1919-1921)：フランク・ロイド・ライトがロサンゼルスで初めて建てた住宅。施主は、石油王一家の娘アリーン・バーンズドール (Aline Barnsdall)

んどの家の敷地を、任意に線引きされ、ますます開発され、投資の対象ともなる景観という消費可能な一区画の土地として解釈していた。ノイトラは多くの場合、場所と自然に対する崇拝的愛着の代弁者とされてきたのだが、郊外の発展により正真正銘の自然主義の痕跡はすべて壊滅されてしまっているのだと、常に主張していた。「売却が始まるずっと前に、妖精や精霊たちは逃げてしまっている[27]」のだと言う。また、ノイトラはこれらが失われてしまったことを悲しみはしたが、決して郷愁の念に駆られることはなかった。それどころか彼は、内在的な精霊信仰として捉えたものの喪失を、活気ある状態の創出への取り組みに利用した。彼の家は、庭に反抗的に陣取る「機械」でも、樹木のように敷地から生えてきた抽象化された自然の構造物でもなかった。むしろ家は、これらが位置する郊外の景観と同じように構築されたものであり、この景観と力を合わせひとつの設計された環境を生み出すものとして理解していた。

　景観は、敷地、建築、環境、文化、生活様式、そして（これから明らかになるように）公害及び技術を人間の住居へと統合する多様体として理解された、家の重要な構成要素であった。この分割不可能な構造物は、何よりも一連の多様な感情の影響を受けて一体となっていた。家の設計では、自然力によってではなく、様々な時間軸及び持続時間にわたり主体である彼あるいは彼女を鼓舞し、陶酔させることを意図した。ノイトラは、「この多種多様な刺激を分割されたもの、または分割可能なものとみなす」ことがないよう忠告し、「ある敷地が、私たちの存在全体に及ぼすのは、実際、*組み合わされた全体的な影響力*——その評価や分析、加えて効果を使い切ることも困難な魔法なのである」であると言う[28]。閉じられた窓と開かれた窓、反射する面や吸収する材料、換気や温度調節のための隠された設備機器の組み合わせは、魔法をかけるだけでなく、壁を透過し、室内から屋外へと移動し、さらに室内へと戻ってくる雰囲気を創り出した。例えばローガー

邸では、景観と透明性の両方が共に作用することで、ノイトラが「視覚的に混ぜ合わされた」感じの雰囲気の連続性と描写したものを生み出している。この環境は、家に向かう小道の始まりから、家の奥深くまで入り込んだうえに通り抜け、背後の芝生まで達した[★29]。インテリアを家の背景に結びつける、対比あるいは連続性を模倣するような視覚上の論理はいずれも欠如していたのだが、建築と景観の両方によって引き起こされた調和とまとまりのある反響があった。

　数多くの魅惑的な影響力を持つこの多様体は、ノイトラの戦後のガラスの家の最も重大で特異な点の特定に役立つ。つまりこれらには、実に広範にわたる状態が含まれているのである。同時代の他の重要な家、例えばファーンズワース邸あるいはフィリップ・ジョンソンのガラスの家では、室内要素の脱差別化及び可能な限り一貫性のある効果を生み出そうとする試みに特徴づけられる。このような統一感は、クレイグ・エルウッドやラファエル・ソリアーノの作品の特徴でもある。反対に、チューイー邸とパーキンズ邸は、非常に差別化されている。寝室は、たいがい開閉できない眺めの良い窓で囲まれるのに対し、家族共用の部屋では開口部としては弱力化された隅部に近づくにつれて、その活力に満ちた特質が増強される。アドルフ・ロースの『ラウムプラン』に示された流儀のいくつかでも、このような差異に触れているに違いないが、ノイトラの場合、差別化は主として建築計画に打ち出されたものでも、空間上の特性によって明確にされたものでもない。単一の計画に支配されたひとつの部屋においてさえ、差異と連続性が調整されているように感じる。このような区別は、増強の度合いを調節することで生み出されているのである。

　私がここで取り上げる種類のノイトラの家には、彼が日常的な本質とみなしたものに起因するまとまりある雰囲気が見られるのだが、これらの家は感情的な激しさの領域を通じて同様に興奮を引き起こす。はっきりと見えることのない特徴、すなわち文字通り背景となるムー

図21　リチャード・ノイトラ、ムーア邸、寝室

ドを決定する特徴によって、家の雰囲気が生み出される。ムーア邸の寝室の窓のように、開けられはしないが遠景の眺望が得られる窓は、どこまでも続く、包み込むような環境の錯覚を生み出す［図21］。どの特定の眺めが枠に嵌められることも、境界が強調されることも、人物が視界に立つこともないので、何かに注意を惹かれることもない。例えばシングルトン邸では鏡が使用されているが、*紋中紋*（mise en abyme）の効果を得るためでも、単に外の眺めを直接繰り返すように配置されているのでもない。むしろ鏡は斜めに据え置かれ、周辺視野を介して作動しない窓の没入効果を強調している。床や木工品の平らな面は、同様にあえて特色をなくそうとしている。これらの反復される特徴の

すべてが、家の耐久性、通常の状態及び無意識の感情と呼べるものを構成する。同時に、近景、トラウマとなる出来事や開口部及び衝撃的な状況の変化が雰囲気を断ち切り、注意を惹く。ノイトラの家は、これら様々な度合いで凝縮された美の合間を揺れ動いていた。この意味からすれば、この美の度合いは移ろいやすく、多様な感情状況の持続性と強度の間の平衡を求めていた。家には、これを取り巻く景観やこの居住者と同じように、「ときには強烈な無限のムード」を受け入れる能力があると解釈することが、理論上のひとつの岐路となる。ここで初めて、モダニストの狭義の空間概念と癒し効果のあるガラスの家が、今までとは変わって環境デザインを用いた治療法となるのである[30]。

隅に追いつめられて CORNERED

ノイトラの家の中では実際、内にいながら外にいるような感じがするのです。これがどういうことかわかるでしょうか。私自身わからないのですが。それがノイトラの厄介なところなのです。私は外にいたくないし、隣人たちと一体になりたくもありません。私は現代の世の中に適応した人間として、ふさわしくないようなのです。
——アナスタシア・クローザー[31]

建築が現代的になった1954年、ノイトラはハッピー・ヴァリー財団で講演をした[32]。カリフォルニア州オーハイに、クリシュナムルティが設立した学校である。ノイトラが話す間、妻ディオーンがバックでチェロを弾いた。ノイトラは講演を、クリシュナムルティが弟子たちに最初に自分自身を知ることから始めるように求めていることの引用から始め、彼自身建築家として自らを知るためには、ウィトルウィウスに求められた事柄よりもっとたくさんのことを知る必要があった

という見解で締めくくった。話の中で彼は、「そのような行事の折にはよく、集合写真を撮影するために電気フラッシュが焚かれ、機械式カメラのシャッターが押されることがある」と、述べた。「*隠しカメラで撮った写真*では、私たちのひとりがギラギラ光る歯をむき出して笑っており、もうひとりは厳格な、血色が悪い、あるいは悲しいような表情をし、3人目はフラッシュのまぶしさに目を閉じている！ しかし、ここで笑っている者がいつも笑っているとは限らず、いつの日にか入れ歯を入れているかもしれない。目を閉じた者は、目を開けることがあるかもしれない……そして悲しそうに見える者は、最後には微笑むようになるかもしれない」[33]と、説明した。このような演出とこれに対するノイトラの関心は、特筆に値する。ノイトラの講演時にはディオーンがこのようにサウンドトラックを担当したこともよく知られており、一般にはややこっけいな彼らの自尊心の表れとして解釈されている。しかし、彼女のチェロ演奏は、現代的な概念が出現する兆しであり、またこのような環境操作によって、よそに向けられた聴衆の注目を制御し得ることの兆しとして捉えることもできる。ディオーンがもたらしたムード音楽によって、ノイトラはその場の中心引力へと仕立て上げられていた。この設定は実にややこっけいなのだが、「現代」デザインの核心を特徴づける移ろいやすく差別化された焦点のかたちに匹敵するのである。

　ノイトラはこのような演出を重視しただけでなく、この演出がカメラの捉えることのできない時間の経過や感情的な状況の変動を強調したことを、特に重視した。今まで見てきたように、現代の美学は、モダニズムの時を超えた価値と、その理想化するがゆえに生気の失われた美学の批評を構成した。ル・コルビュジエや他の者にとって写真は、近代建築を理解するうえで重要な役割を果たしたのであるが、ノイトラは技術に含まれない事柄にも関心を持っており、このことがノイトラを彼らから際立たせた[34]。ル・コルビュジエは連窓を、印画紙上

に太陽を捉えるカメラに例えた。それにもかかわらずル・コルビュジエは太陽の動きを、「無限に続く」長い水平な窓を透過し、横切るものとして説明するよりもむしろ、技術があればこのような活気や可変性は停止させられ、純粋な光度へと転換されるのだと主張した[★35]。ル・コルビュジエの理想とする窓は、空気や湿度やその他不規則な因子を室内に浸透させない。つまりこの境界を通過できるのは、光の最も完成されたかたちだけである。ル・コルビュジエにとって、カメラ／窓は、他の現代の技術と同じように、安定化のための要素であり、また統一性を生み出す手段であった。

　一方でノイトラは、彼が擬似技術的(paratechnological)であると理解するものに関心を寄せている。彼は技術を拒絶するのではないが、技術自体に雰囲気や演出を生み出すあらゆる変動する要素をもたらす可能性を見出すわけでもない。写真が撮影されたのちに現れる腐敗と無秩序は、カメラとしばし建築家をもかわす。「"家族の住まい"の設計は、家族の1枚のスナップショットのために用意される、ただの愛らしい額縁であってはならない[★36]」のだと言った。ノイトラ作品の視覚性を考えるうえで、カメラは便利なモデルとなる。というのは、近代建築史が目やスクリーンのような視覚モデルに支配されているにもかかわらず、彼の窓はカメラとしては機能しない——映画カメラのようにさえ機能しない。その代わりに彼の窓は、この前を行ったり来たりする品々を味見する、人間であれば開口部に当たるものとなる。

　1954年にオックスフォード大学出版局は、ノイトラが何十年も取りかかっていた『生き抜くデザイン』を発刊した。そして同年にノイトラは、アメリカ建築家協会の全国を対象とする最高栄誉賞を受賞したムーア邸を完成させている。既に1947年にカウフマン邸で同協会の賞を受賞しているが、こちらは南カリフォルニア支部からのものでしかなかった。ムーア邸の予算は潤沢であったが、ムーア家はエドガー・カウフマンほど一流の建築のパトロンではなかったので、この家

からは1950年代中頃までにそれほど専門的でない人たちの間にもノイトラ作品への関心が広まっていたことが窺える。ムーア邸がこれほど広く注目されたという事実は、カウフマン邸を代表例とするノイトラの1940年代後期からの方向転換が、精神分析がその守備範囲を次第に拡大しつつあった文化に、ますます反響するようになっていたことを示唆する。精神分析はこの文化下で中流階級の全般的に精神分析化に馴染んできた風潮にだけでなく、新たな環境化された心理学にまでますます入り込んでいた。ムーア邸は、現代性のムードを構成する意匠的及び文化的影響の入り交じった状況を体現しているのである。

　ハッピー・ヴァリー学校と同じく、ムーア邸はオーハイにある。この環境はノイトラに、20世紀中葉に浮上していた環境主義、生活改善のための治療学及びライフスタイル理念を、調和させまとめ上げることで「現代的な」家を設計する機会をもたらした。オーハイは、太平洋から15マイル（24キロメートル）内陸の、周囲をぐるりと囲む山々の足元に位置する亜熱帯の谷地である。夕暮れ時には、地形がもたらす視覚効果により、「ピンクの瞬間」と呼ばれる目を見張るような現象が発生する。オーハイの気温と湿度の組み合わせは農業地帯として理想的で、19世紀には有数の柑橘類栽培地となった。前史時代からオーハイは、多様な宗教や神秘的なカルト教団にとっても肥沃な土地であった。アメリカ原住民のチュマッシュ族は、この谷を神聖な場所とみなした。治癒効果のある温泉に因んでサナトリウム地帯と呼ばれてきた一帯の中心として、1878年にオーハイは「ロサンゼルス・タイムズ」誌の記事で、「地球の磁場の中心地であり……霊魂を信ずる者はここに内なる神の居場所を探りに来る場」として描写された[37]。神智学協会は1924年に本部をオーハイに移し、救世主クリシュナムルティは、この協会本体を解散し、置き去りにした後になっても、この地を訪れ続けた[38]。オーハイは今日も超自然を志向する観光客にとっては聖地(メッカ)であり、ここで行われるヨガの励行やスパへの耽溺、あ

るいはワイン試飲というかたちとして表れる、ニューエイジ文化のすべてを含む中心地であり続ける。ムーア家は芸術と音楽をたしなむ家族で、自然食を好み、家のランドスケープは自らの手がける環境主義者で、クリシュナムルティの熱心な信奉者であった。そのうえノイトラの大ファンでもあったのだが、彼ら自身建築家との関係は「普通の商売上の構図を超越したもの」であると感じていた[39]。要するにオーハイは、自然、文化、心理学及び療法にかかわる一連の感性を取り集め、現代的な生活様式へと織り込む、環境主義に傾倒した多様体であった[40]。

　ノイトラ・アーカイブには、ムーア邸の図面やスケッチが、尋常でない点数残されている。この特定の家の発展過程を詳細に検証することにより、この家の属する類型の特徴を明らかにすることができる。ムーア邸の設計では単一のプロジェクトのうちに、ノイトラ作品の発展過程の全容が繰り返されている。すなわち、比較的コンパクトでずんぐりした空間配列から、強調された水平性や拡張された空間性まで……、建物のブロックとしてのまとまりのアクセントとなる窓や扉から、流動的な環境を活気づける広々とした開口部まで……、庭の中のインターナショナル・スタイルの「機械」から、母親の乳房と赤ん坊の口のように機能する現代的な生活維持装置までがここには見られる。さらに具体的に言うならばムーア邸は、ノイトラ特有の隅部の因果関係及びこの特徴が環境デザインの発展において担った役割を明らかにする。この隅部は当初、モダニズムの新たな構造技術の手本を示す場として建築学上重視されていたのであるが、最終的には感情に特徴づけられた雰囲気に浸るための場へと変わっている。

　ムーア邸の最初のスケッチでは、長方形のブロックの背後に主寝室を含む長めの帯が不格好に添えられており、軸線はほぼ北西―南東方向に置かれている[図22]。実際の平面として見るならば、このスケッチに描かれたほとんどは、瞬時に設計から排除されるだろう。量塊の

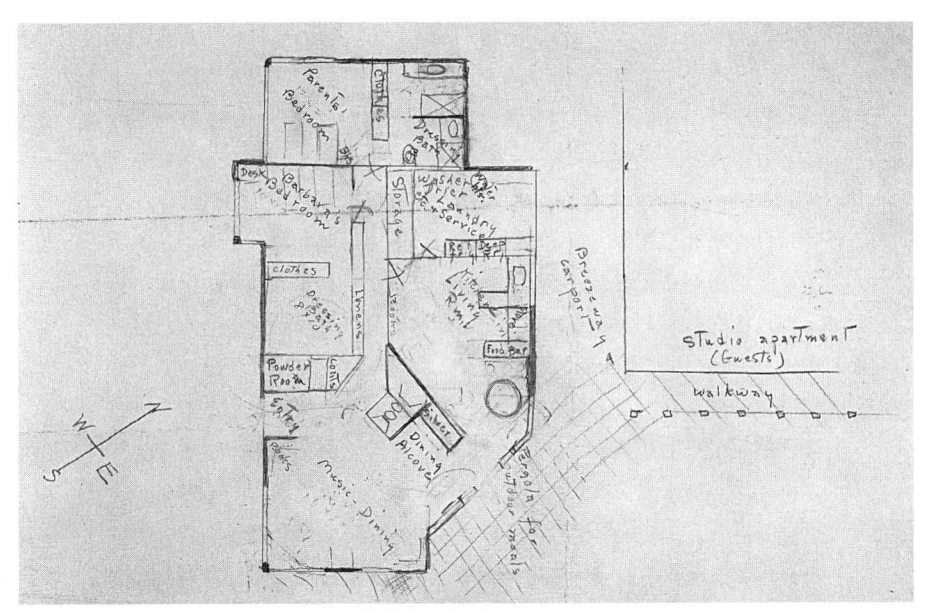

図22　リチャード・ノイトラ、ムーア邸、初期のスケッチ

配置や建築プログラムが変化するのと同じように、形式上の表現も変化してゆく。そしてこのスケッチには、完成した家を特徴づける深い軒やスパイダー・レッグ、プールや水、そして敷地に潜り込む「触手」もない。しかしながら略図として見ると、描かれたいくつかの特性はのちの段階まで重要な役割を担い続けるのである。まず、北東に向けた家の配置及びこの向きにあるパノラマのような眺望を焦点とすることは、家自体の建設を通して残っていた。さらに最初のスケッチから変わらなかったのは、数々の造り付け家具や物品を用いた演出が、平面計画と家に及ぼす効果であり、これについてはバンハムが『選択によるデザイン（Design by Choice）』で説明している。ノイトラは造り付

けの家具やミッドセンチュリーの建築家が取り扱わなければならなかった、ますます増加傾向にある家庭的な「モノ」に関する理論をいくつか立てていた。造り付け家具は彼にしてみれば、あらゆる制御不可能なもの、特に視覚の制御外にあるものが生み出す「好ましくない感情的な特徴」に対する心理的な防御物を構成するのであった[41]。造り付けにすれば、普通は見えない家具の後ろの空間をなくすことができる。何かが見えるということには、これを制御する以上の意味があった。すなわちノイトラにとって、制御とは所有の一形態であった。ゆえに、「収集家の欲動」を心理的な本能及び不安に対する防御として理解していた。ノイトラは「収集家の欲動」とは昔からあるもので、常に建築に作用してきたと考えていた。その一方で彼が主張するモダニズムは、ますますこの欲動を歴史的に象徴的な対象物の静的な展示というあり方から引き離し、その実用性においては「著しく非耐久的な」大量生産された日用品の動的で作用する配置へと近づけたのだった[42]。小さな家にある料理用鍋の取り合わせは、コレクションとしては美術館や図書館のものに匹敵するものであったが、この鍋の取り合わせは使用される頻度も多く、求められる機能も多様だったので、デザインが量的にも質的にもさらに必要であった。ムーア邸の最初の最も未熟な段階の計画においてさえ、ほとんどすべての壁はただの壁ではなく、収集家の本能に従って埋められ、再構成されるのを待つ器であった。

　造り付け家具によって平面は非常に穴だらけとなり、ノイトラの表現を用いるならば、所有物は建築作品本体に染み込んでいた[43]。壁のうち収納部として厚くされなかったのは、隅部に近い建物周囲の範囲だけである。このごく初期のブロックでも１カ所を除いてすべての隅部は、ガラスと最小限の柱によってその特性が弱められている。この弱体化は、特に北東の隅部で顕著である。ダイニングアルコーブや銀食器用の収納部をかたちづくり、音楽室とリビングルームとを間仕

切る造り付け家具は、リビングルームの隅が大きく面取りされた北東隅に向けて斜めに配置されている。ここにさらにガラス張りの隅部をもうひとつ設ける代わりに、外にはもとのブロックの輪郭内に納まる網戸張りのテラスがある[44]。内部の間仕切り壁に造り付けられた家具及び外部の隅部に近づくにつれて薄くなる壁両者からなる内外の境界面は弱体化され、実際に建てられた家の環境が柔軟で流動的であることを示唆する[45]。ここで最も重要なのは、この最初のスケッチで既に建築の効果を醸し出すうえで、隅部の手の込んだ変化に富む力強い表現が重要な要素になりつつあったこと、またこれが将来ノイトラの戦後作品の最も成熟した影響力のある主題へと発展することが、明らかになっていることである。

　次の発展の段階は、カラーパステルで描かれたプレゼンテーション用図面にまとめられた。この設計とその前の段階の設計との違いは、以下の2点にある。すなわち堅苦しい塊のようだった家の配置は、さらに複雑な2層にわたる室内構成へと変わった。そして周辺部の扱いもより複雑で広がりのあるものになった。主玄関のパヴィリオンとその上の2階隅部には、建物全体だけでなく軒の輪郭をも超えて、周囲の景観にまで伸びるスパイダー・レッグが設けられている。この段階で既にスパイダー・レッグが付け加えられていたことは特筆に値するが、まだ最終計画に見られるほどの劇的な効果は得られていない。後ろに広いガラス面もなく、建物の短辺から突出する足は、隅部の明白な構造を強調するに過ぎない。その代わり家が多様体の一部であることを暗示するために、さらに文字通り「自然主義的な」装置が用いられる。軒に穿たれた穴、スパイダー・レッグに絡みつく蔦、丘の膨らみに呼応させた家の量塊、さらにはカラーパステルでの図面に厚く塗り重ねたことさえが、建物と敷地との間のくっきりとした対比を抑え込むための工夫である。環境の曖昧さに対するノイトラの関心は、最初の段階よりもこの段階でさらにはっきり表されているが、次の段階

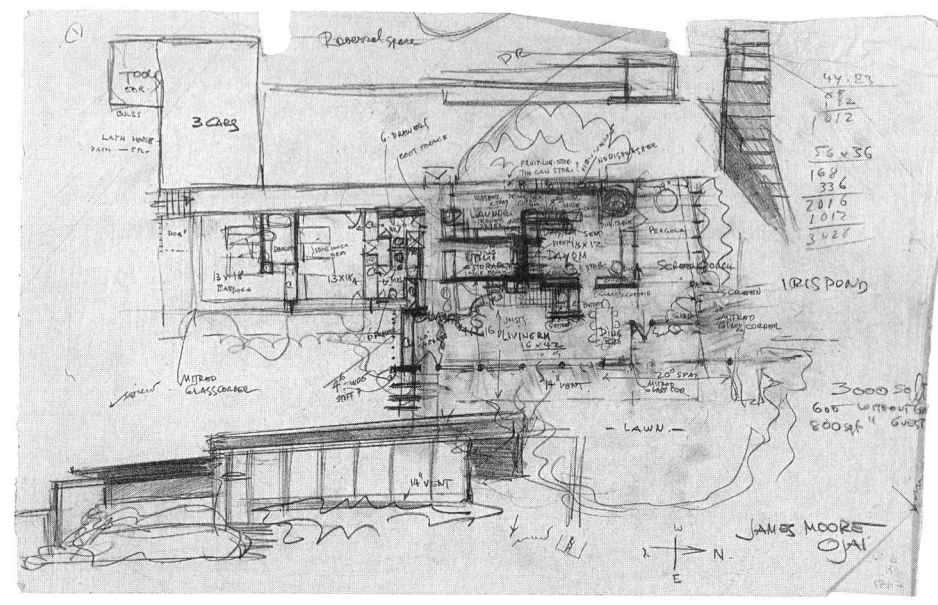

図23　リチャード・ノイトラ、ムーア邸、最終案に近いスケッチ

ではますます強調されるようになる。

　3つ目の実質的な最終計画には、この家の意義が詳細に表現されている［図23］。建物は、広大なムーア家の敷地内の新たな場所に移され、プログラムとしても密度が高くなり、第2段階ではいったんなくなっていた離れ型客室とスタジオが再び現れ、自動車3台を納めるガレージに加え、広くなった設備空間とテラスが見られる。もとの家のブロックは、南北軸に沿って地面を這うような長い帯の中で、ほとんど見えなくなっている。直行軸から外れるいくつかの提案——繭型の犬用テラス、45度回転させたガレージからの突出部、そして朝食用エリアの斜めの切り落とし——もあったが、これらも速やかに排除された。

図24　リチャード・ノイトラ、ムーア邸、ファミリールームと台所

　この平面には何も自然主義的な点はなく、唯一直線で表現されなかったのは、変形の池だけであった。この案の敷地計画はさらに発展したものであったが、ノイトラはいつものようにランドスケープを設計していたにもかかわらず、図面上細かく指示をしていない。家族共用の部屋とファミリールームを北に、設備空間を西に、そしてふたつの寝室を南東に置く基本平面は、これでやっと確定された。
　ムーア邸における家庭機能の配置には（ギャラリーや設備コアは奇妙であるにせよ）何ら変わったところはなく、施工方法には何も革新的な点はなく、形式的表現に用いた基本要素にも何も先鋭的な点はない［図24］。しかしながら、モダニズムの伝統からのちょっとしたずれ

の積み重ねが、結果として大きな変化をもたらすこととなった。例えばノイトラは、最初の案に見られた造り付け家具と収納ユニットをさらに造り込んだ。これらは「現代の住宅居住者が欲しがるもの」やその収集家としての欲動をすべて満たすだけでなく、家の環境技術とも呼べるものの一部でもある[46]。音楽室の座席は、池近くの屋外へとルーバーを通して開かれ、ここから冷却され湿り気を帯びた空気が取り込まれる。家の長辺に沿って屋根の輪郭から立ち上がる背骨に設けられた天窓からは、設備空間に通気と採光がもたらされる。外からは天窓のせいで、まるで家の中を見通せるように感じる。インテリアの大部分は、これを構成する固い材料と柔らかな材料との対比により決定される。体が触れる可能性のある家具類、床、ソファの面は、アルミニウム、テラゾとビニール――すべて熱をはね返す材料――に覆われ、ひんやりした感触だけでなく、味覚テストに求められる滑らかさももたらす。柔らかくでこぼこした材料でさえ、一種の味覚テストに合格しなければならない。縞模様の木製天井あるいは隅部に回された薄く積まれた石材によって生み出される刺激は、「神経支配に急激な変化を及ぼすことなく、触角と視覚が移動」できるように、均一に配分される[47]。

　完成した家の最もドラマティックな特徴は、リビングルームの隅部である。このドラマは、家全体の演出に関係づけることによって初めて理解できるものである。オープンプランの家ではないのだが、限られた材料の選択肢、温度の均一性及び一定の空間密度によって、統一感のあるというよりはむしろ連続性のある基本条件が形成されている。金物類は抑制され、強い色調もなく、対称性や視点の中心となる要素もなく、全体としてこれといった点がない家では、注意を惹くことはほとんど意識されていない。特異な状態の侵入を――実際集中させることにより――最小限にすることで使用者を慣らすという意味において、住まう場所を提供するのである。動線や建築プログラムのほとん

どは、家の長手方向に沿って作用するので、この建築とここで得られる眺望の大半は、周辺視野で認識されることとなる。ノイトラが夫や一家の稼ぎ手に例えたこのようなあまり気づかれない特徴によって、家に感情的な要素で満たされた雰囲気がもたらされる。すなわち、これらによって家にはムードがもたらされるのだ。

しかし家には、ノイトラが恋人に例えた激しさに満ちた見せ場もある。娘の寝室（すべての案において常に最も念入りに扱われた寝室）は、犬用テラスに近い客室離れに至る、家の一端にある。角を突き付けにしたガラスの隅部を除けば、地味な部屋である［図21］。部屋の2面全面に回された下方の造り付けの家具と上方の屋根を支える梁との間のガラス張りのうち、開けることができる個別のパネルはほんの数カ所に限られる。隅のガラス自体は固定されているが、外部へと伸びるスパイダー・レッグに連動して作用する。ガラスと骨組が家の輪郭を形成しながら同時に抑制するように機能する、この隅部の視覚上の曖昧さは、天井に用いられた材料によって強調されている。すなわち軒下から続く外壁寄りの天井板張りは、室内の漆喰塗の天井見上げへと繋がり、天井が部分的にしか存在しないように感じさせる効果を狙っている。この場のムードは、特徴もない心地よさから周辺視野で捉える2面の間に生じる意外な対比へと移ってゆく……そして窓は外への眺めの枠となるのではなく、見る行為を行動へと転じるのである。

寝室の窓の効果は、リビングルームの隅部によってこのうえないほどに拡大されている。ガラスが突き付けに納められた窓壁には、構造上の隅の意味づけはほとんどない。実際の隅は屋外へと移され、Ｉ型鉄骨からなるスパイダー・レッグが池の深みへと消え入る［図25］。隅部は存在しないながらも、同時に二重になっている。さらに平面グリッドからの唯一の逸脱は、まさにこの交点で発生している。つまり深い軒と屋外テラスは家の軸線から離れ、室内の床そのものを浸食する池によって増幅される歪みを造り出す［図26］。当初家のこの隅部には

図25　リチャード・ノイトラ、ムーア邸、隅部の窓

　大きなガラス壁とカーテンがあり、これらは家の気候を封じ込める囲いの中から屋外の網戸張りのテラスへと移動できるのだった。他の室内カーテンも閉めてしまえば同様に、建物の外周がどこにあるのかを把握するのが難しくなる。この状況は、テラスで反射するリビングルームの天井照明灯と同じデザインの照明の反射、あるいは軒下に張られた木材が室内の天井まで続くので、屋外が室内にあるように感じるのと同様である。実際ノイトラは、オーリーン・ムーアに手紙を書き、

図26　リチャード・ノイトラ、ムーア邸

「絵柄模様のついたカーテンは買わないで欲しい」と懇願している。彼は部屋に掛けるカーテンとして、「遠くに焦点を合わせること以外は求めず、眺めを引き立たせる対比的な前景」をもたらす荒い織物がふさわしいと考えていた[★48]。その結果は、視覚的にも性能的にも不確定な状態であった。ムーア邸の隅部では、背景のムードが前景に入り込みはするのだが、ムードという枠から逸脱することはなく、それ以上の存在になることは決してない。

オーリーン・ムーアは、家のこの部分に感情的な強さを見出した[図27]。隅部から彼女は、まさに「私たちが感じる絶望」を排除するにほかならない、「屋外の大自然と室内の生活との相互関係」の感触を得ることができた[★49]。彼女はこの相互関係を、特に「霧が立ちこめる薄暗い日」、すなわち家が最も気難しい状態にあるとき、遠くの景観の果ての眺めに入り込んで自ら「山の向こうの不思議」と呼ぶ場所と交わるために、外に出ようと窓の方を向いたときに感じた。窓が眺める行為自体への注意を喚起するように、ムードがどのように編成され、配置されているかは同様に感情の揺らぎへの注意を喚起する。この結果得られたのは、ノイトラが約束した幸せな治癒効果ではなく、ためらいの一種である。ノイトラでさえ、開放性と閉鎖性との間の入り組んだ均衡が、喜びにたいがい伴う恐れを刺激し得ると信じていた[★50]。ムーア邸の隅部が帯びた本能エネルギーは、生存にかかわる反射神経を刺激する。すなわち前線部隊までの何にも遮られない見通しを得たいと願えば、背後から襲ってくる敵からの防御も必ず必要となるのだった[★51]。

図27　リチャード・ノイトラ、ムーア邸

第6章 注

★1 リチャード・ノイトラのインタビューを参照、*Transition*（February/March 1967）, 31所収。
★2 同上。
★3 Richard Neutra, "Human Setting in an Industrial Civilization," *Zodiac* 2（1958）, 72。
★4 ジル・ドゥルーズは、彼が抽象機械と呼ぶものの作用を例証するのに、母親の乳房と乳幼児の口を用いた。この概念は彼らの仕事全体に及ぶのだが、特にDeleuze and Félix Guattari, *A Thousand Plateaus: Capitalism and Schizophrenia*, Brian Massumi訳（London: Athlone Press, 1988）, 61-62を参照。
★5 Richard Neutra, *Survival through Design*（New York: Oxford University Press, 1954）, 117。
★6 同上、24。
★7 Richard Neutra, *Mystery and Realities of the Site*（Scarsdale, New York: Morgan and Morgan, 1951）, 57。
★8 Neutra, *Survival through Design*, 25。
★9 同上、137。
★10 同上、116。
★11 同上、138。
★12 同上、128。
★13 同上、123。
★14 同上。
★15 同上、127。
★16 ノイトラと商業主義については、Sarah Williams Goldhagen and Rejean Legault, eds., *Anxious Modernisms: Experimentation in Postwar Architectural Culture*（Montreal: Canadian Centre for Architecture; Cambridge: MIT Press, 2000）, 97-118所収のSandy Isenstadt, "Richard Neutra and the Psychology of Architectural Consumption"を参照。
★17 Neutra, *Survival through Design*, 122。
★18 同上。
★19 同上、121での強調。
★20 「癒しの消費（therapeutic consumption）」の概念及び喜びの新しいかたちについては、Philip Rieff, *The Triumph of the Therapeutic: Uses of Faith after Freud*（New York: Harper and Row, 1966）及びT. J. Jackson Lears, *No Place of Grace*（New York: Pantheon, 1981）を参照。
★21 Neutra, *Mystery and Realities*, 56。
★22 Neutra, *Survival through Design*, 229。
★23 現実主義とゾラ、さらにゾラの死については、Neutra, *Survival through Design*, 36-40を

参照。ノイトラの文章には、ゾラとゾラの死の描写が頻繁に出てくる。
- ★24 Neutra, *Survival through Design*, 229。
- ★25 Sigfried Giedion, *Architecture, You and Me: The Diary of a Development*(Cambridge: Harvard University Press, 1958), 122（訳文は邦訳より引用）。
- ★26 ノイトラが初めてライトの作品をワズマス・ポートフォリオ版で見た時の「プレーリースタイル」への反応を、「私が想像していたのは、赤肌のインディアンたちがまだここに住み、背景にはティーピーがあって、遠方にはバイソンの群れが轟いている、アルゼンチンのパンパスのようなものであった……まさかこれらの作品すべてがシカゴ郊外のオークパークにあるとは思わなかった。このようなことを知らなければ、もっと面白かったのに」と描写している。"Richard Neutra, Life and Shape"(New York: Appleton-Century-Crofts, 1962), 173。
- ★27 Neutra, *Mystery and Realities*, 13。
- ★28 同上、16。
- ★29 同上、47。
- ★30 ノイトラはカウフマン邸の立地について、下記のように表現し、「砂漠に及ぶムードは無限にあり、中には激しいものもある」と書いた(*Mystery and Realities*, 53)。
- ★31 Anastasia Clother, "Anastasia Just Not Ready for Super Modern Home," in *Marion, Indiana Chronicle-Tribune*, 1954年2月7日付。
- ★32 ノイトラが初めてオーハイに建てた家であるボールド邸は1941年に完成した。ボールド邸の現所有者や地元のノイトラ信奉者は、ボールド夫妻のいずれかがノイトラの精神分析医であったと信じているのだが、この確証は得られなかった。
- ★33 Richard Neutra, Ideas（オーハイのハッピー・ヴァリーの生徒たちに向けた講演に基づく、1954年3月）、1954年4月1日付、タイプ原稿、ノイトラ・アーカイブ所蔵。
- ★34 コルビュジエと写真については、Beatriz Colomina, *Privacy and Publicity: Modern Architecture as Mass Media* (Cambridge: MIT Press, 1994) を参照。
- ★35 Le Corbusier, *Precisions on the Present State of Architecture and City Planning*, Edith Schreiber Aujame訳 (Cambridge: MIT Press, 1991), 53-54。
- ★36 彼はさらに、空間における特定の形態の「衝撃的な魅力」は、これを不朽なものにしようとする時点で、例えばこの状況を写真図版あるいは静的な媒体で再現しようとするときに、失われるのだと言う。Neutra, *Survival through Design*. 122。
- ★37 オーハイについては、Patricia L. Fry, *The Ojai Valley: An Illustrated History* (Ojai: Matilija Press, 1983) のうちロサンゼルス・タイムズが引用されている245及びEllen Malino James, *Portrait of a Community, Ojai Yesterdays and Todays* (Ojai: Ojai Valley News, 1984) を参照。
- ★38 今に至るまで、メディテーション・マウント（訳注：「瞑想の山」の意）の頂上は、オーハイのような特定の自然景観にスピリチュアルな力が集中すると信じる観光客を惹きつけ続けている。実際メディテーション・マウントは、Meditation Group for the New Ageによって名づけられ、人気となった文化現象のニュー・エイジという呼び名もここから得られた。

★39 オーリーン・ムーアからの書簡、日付なし、ノイトラ・アーカイブ所蔵。
★40 環境保護運動の歴史については、Samuel P. Hays, *Beauty, Health and Permanence: Environmental Politics in the United States, 1955-1985*（Cambridge: Cambridge University Press, 1987）；及び Lester Milbrath, *Environmentalists: Vanguard of a New Society*（Albany: State University of New York Press, 1984）を参照。
★41 Neutra, *Survival through Design*, 247。
★42 同上、258-259。
★43 同上、253-254。
★44 事務所にいた誰かが、ノイトラにさらに複雑な形状を採用させようと考えていたことは、明らかである（後の段階では、この中に曲線を忍び込ませようとした）。
★45 ノイトラは「均質な柔軟性のある未来の建築」という表現を用いた。Richard Neutra, Ideas, 日付なし、ノイトラ・アーカイブ所蔵。
★46 Neutra, *Survival through Design*, 260。
★47 同上、92-93。
★48 RJNからオーリーン・ムーア宛書簡、1950年4月25日、ノイトラ・アーカイブ所蔵。
★49 オーリーン・ムーアからの書簡、日付なし、ノイトラ・アーカイブ所蔵。
★50 ノイトラは、"Glass and the Wide Landscape Outside" という表題の短い未刊のエッセーでこのように主張している。ノイトラ・アーカイブ所蔵。
★51 Neutra, *Survival through Design*, 218-223。

第 7 章

POLLUTION AND POSSIBILITY
公害と可能性

近代建築の嫌いなところ
──冷たい心理学めいた雰囲気。
オーリーン・ムーア ★1

環境主義 ENVIRONMENTALISMS

窓はノイトラ前もノイトラ後も、治療手段として考えられてきた。モダニズムの窓は、太陽の生理学的効用の巧みな利用法と言い表すことのできる作用によって、結核を治癒すると信じられていた。一方ポストモダニズムの窓は、建築にフロイトの「不思議のメモ帳」[▶1]の機能をもたらし、対話療法はもはや特定の場所に限定されなくなった[★2]。これに対して、これからなる多様体の療法上の理念は、私が精神分析時代と呼ぶものを構成する乱雑に混合された概念を取り込んでいた。この文化には、精神生理学伝来の要素とフロイトの影響力の両方が含まれていたが、いずれの伝統も純粋なかたちには保たれていなかった。これらの不純物が、1950年代以降のノイトラ作品の現代性の主たる特徴をつくり上げ、当時の大衆的な人気の高まりを説明することとなる。

　建築を抽象的な空間というよりは、感情的な環境の産物として再考することで、この学問分野の正統からは外れるかもしれないが、新たな連続性のかたちを築くことが可能となった。従って、美的判断と精神分析技法の共通性が見出された理論定式を感情が構築できるように、ノイトラが人間の精神にも大気中にも同様に存在すると考えていた本

[▶1] mystic writing pad（ドイツ語でWunderblock）：「不思議のメモ帳」とは子供のおもちゃで、濃い色のロウ引きされた板の上に半透明のフィルムを重ね、尖った棒のようなもので引っ掻くとロウの面がフィルムに接触して線として現れるが、フィルムを持ち上げると線は消え、繰り返し描いて消すことができる。フロイトは人の記憶を、この玩具に例えた。すなわち無限に書き込みができるが、一度記録されたものは表面的には消えているようには見えても、筆跡がロウ引きの表面に痕跡として残るように、無意識の記憶からは完全には無くならないのだと言った。フロイト著、太寿堂真訳「"不思議のメモ帳"についての覚え書き」(1925年)、『フロイト全集〈18〉1922-24年 自我とエス・みずからを語る』岩波書店、2007、317-所収

能エネルギーは、窓という領域を通して建築と精神とを結びつけることができるのであった。彼の文章が十分に顧みられなかった理由のひとつに、ノイトラが各知的階級間を厳密に区別することへの留意を怠ったことが挙げられる。魅惑的で互いに無関係な引用を自由に散りばめた彼の文章は、専門的にも学術的にも不適切であるとみなされた。20世紀の判断基準によると、ノイトラの文章は科学的手法の虚偽に陥りながらも特有の激しさを欠くがゆえに、この分野を擬似主義（pseudo-ism）という知性の公害に晒しているのだと、ますます受け取られるようになってきた。

　破綻をきたしつつある概念の部類は、実際一種の汚染となる。ノイトラがハイ・モダニズムとモダニスト美学の両方の神聖さを汚したのが大衆的人気を得たことによってであったことは、たいへん興味深い。彼は大衆自体にも、大衆の人気となることにも関心があったのだが、これは建築家としてさらに成功したい、あるいは（戦前には、彼も他の多くの建築家がしたのと同様に）住宅の大量生産にふさわしい形態を開発したいという、単純な意味からではなかった。むしろ、彼はハイデザインの領域だけに関心を抱いていたのではないことを示すために、興味を持った事柄については意図的にこれらの大衆的なかたちを通して把握しようと努めた。例えば、コニーアイランド遊園地のびっくりハウスやアメリカの道路沿いに点在する数多くの不思議の館──一見普通に見えるが、重力の軸線からのずれのため平衡感覚を狂わされる建物──をよく文章で取り上げた [図28] ★3。ノイトラからすれば、これらは建築に関連するデザイン上の階級を拡大し、建築で責任を持つべきだと主張していた数々の課題の領域を拡張した。ゆえに、不思議の館は決して設計不足なわけではなかった。つまり建築に対するただの建物の例として、ニコラス・ペヴスナーが挙げた自転車置き場と同類ではない★4。また不思議の館は、その技術的価値あるいは象徴性ゆえに大衆建築の巧みに設計された、あるいは愉快なほどキッチュな

図28　遊園地コニーアイランドの不思議の館
「アーキテクチュラル・フォーラム」誌、1954年1月号にノイトラが掲載

形態として、レイナー・バンハムが擁護するようなものの代わりになるものでもない★5。たとえ設計が優れていなくとも、このような娯楽施設が体験者に方向感覚を失わせるまさにその効果が、設計というものの大切さを強調するのだとノイトラは考えた。すなわち不思議の館からは、「設計あるいは設計者のいずれのせいにもすることができない、いくつかの不思議な作用因子に起因する思考の糧が得られる」のだった★6。

　ノイトラが創り上げたムードと感情を伴うさらに純粋なモダニズム空間が普及することで、モダニズムは20世紀半ばの現代建築の人気をもたらした「喜び」に汚染された。建築に雰囲気を流入させることで、建築は他の種の汚染にも晒されるようになり、結果としてこの浸

透は次第に建築の定義を広めることとなった。ノイトラにとって、精神分析や消費者性向、並びに形態心理学と通俗心理学に関心を持つこと、さらにはこれらすべての要素を転換して感情に満ちた環境をかたちづくる建築家として自身の役割を理解することは、相容れないことではなかった。事実、ノイトラが性的欲求や消費者の欲動、ある背景の不思議なムード、人工的に造り上げられた環境、または「建築家への憂鬱な命乞い」について話していようとも、彼は環境とその設計条件について話しているつもりだった[7]。この長期にわたる関心を前提としたので、第二次世界大戦後になって同様に花開き始めた環境運動の謳い文句を彼が行使するようになるのは、ほとんど必然的であった。そして後に環境デザインは自然回帰の同義語として捉えられるようになるものの、当初自然は環境設計とほとんど関連性がなく、あるとしても他の多くのものと同じように徐々に純粋でなくなってきていると思われていた点だけである。

　環境保護運動は、自然への愛からではなく、公害への恐れから生まれたものである。ナガサキの後は、放射性汚染という現実が、人類文化と自然力間の覆すことのできない相互作用を明らかにした[8]。この恐れの対象物が目には見えず、今まで安全に思われていた境界をも突き抜けることができるということにより、建築には非常に大きな課題が課されることとなった。今までの爆弾であれば、しっかりした壁さえあればまもられたかもしれないが、気づかぬうちに汚染された大気やレイチェル・カーソンが1962年に警告した、目に見えず感じることもない「私たちの内部環境への化学物質という異物の導入[9]」を考えると、このような壁は全く役立たずになるのであった。この時期の公害とは、実際の汚染物質だけでなく、新たに浮上してきた物事の考え方をも意味した。一般には不安に満ちた新たな時代と関連づけられたのだが、公害という概念によりこれまでは互いに関係なく、比較しようもなかった物事や考え方に、新たな繋がりが形成されていた。空

気、水及び地面の中にある放射線が環境汚染の新たなかたちとなったのと同じように、大衆的な環境は娯楽と消費を通して、天然資源をますます粗悪にし、新たな建築公害を造り上げたのである[10]。従来の精神分析は、象徴としての生命や観念を重視する考え方と併せて、大衆心理学にも徐々に染み込み、ムードと感情を見出した。「環境」という言葉が、内と外、安全性と偏執症、高いと低い、自然と文化、あるいは考えと感情とをもはや区別しなくなった、この一般化された世界を表すようになった。当時消費者はあり余る選択肢や「自身とその環境とに内在する人間性への脅迫となる過工業化されたあれらの要素」によって生み出される精神的苦難を克服せざるを得なくなっており、この手助けをするのに台頭しつつあった専門家階級の一例として、早くも1950年にデイヴィッド・リースマンは、建築家を持ち出したのだった[11]。自然よりもむしろ公害こそが、この環境とそのデザインを可能にしたのである。

ドライブスルー窓口 DRIVE-THROUGH WINDOW

ガーデングローブ・コミュニティー教会は、ノイトラのこの時期の作品の中では、最も「汚染されている」がゆえに、最大の環境への配慮が見られる［図29］。設計を依頼したのは、ロバート・シュラー。戦後期最大の並外れた教会パトロンであり、原理主義者というよりは初めての心を癒す伝道者であった[12]。教会はムーア邸が建てられて間もない1950年代に依頼され、『沈黙の春』の刊行と同年に完成した。1950年代後期から1960年代のノイトラの公共事業は、彼の息子ダイオンあるいはダイオンのパートナーだったロバート・アレキサンダーがほとんどを手がけ、ガーデングローブの複合施設への後年の増築も完成させてきたのだが、当初の教会の建物にはノイトラ自身も異常な

図29 ガーデングローブ・コミュニティー教会で説教をするロバート・シュラー、1962年頃

くらい注目したため、シュラーとノイトラはたいへん近しい親友となった★13。

　この聖域の最終設計は、ローク邸の初期の図面とたいへん良く似ている。しかし教会では、大きな信者団体を収容しなければならず、機能上も家庭の領域を超えていたので、ただ家を大きくすれば対応できるものではなかった。タイポロジー分類のような従来の建築の観点からの分析に収まらない教会は、設計の手の入った環境として捉えるとわかりやすい。建てられた教会は事実上、露天型の構造物である。壁と片持ち梁で支持された屋根は、建物を覆い囲むというよりは、巨大な窓を支えるためにある。この窓を開放することで、建物はめりはりのある環境へと転換される。ノイトラの顧客たちを生み出し、誘惑し、

解放し、そして興奮させた窓廻りが建物自体を呑み込むほどに発展しただけでなく、自動車がこのプロジェクトを郊外地域へと拡大し、電波が建物を全国のテレビ視聴者たちに繋いだ。さらには、教会は生活感のようなものには頼らない効用を生み出しながら、精神分析がどれほど住宅建築からかけ離れたものとなっていたか、また同様に大衆心理学が精神分析からどれほど先に進んできたかをも、明らかにする。ガーデングローブでの参列者たちは、郊外地の住宅で開業する分析医の診療所の椅子に腰掛け、非常に濃厚で個人的な議論をする代わりに、電話で呼び出されればすぐさまに助言し教義を広めるという「希望の塔」に待機した交換手相手のダイヤル・アップ療法を通して、集団でありながらも対等に扱われる、環境操作された対話療法に参加したのだった。従来の精神分析と建築の理解では、この環境設計の特性を十分に示すことはできないし、これを単一のあるいは総体的な存在として受け入れることもできない。というのはこの設計が、集約された知性と視覚の認識によってではなく、末梢的な注意力で満たされた雰囲気のおかげで、かろうじてかたちを保っているからである。この多様体と交わるためには、何よりも感情的な欲動に浸ることが大切で、性的欲求の話題や消費者欲動の緩和、あるいはのぞき見趣味の充足はそれほど重要ではなかった。

　ガーデングローブが学術的には（困惑以外として）ほとんど注目されてこなかったのは、ドライブイン教会という概念そのものがこの設計の特殊性を圧倒していたからである。しかしながら実際、モダニズムは、自動車が主体となった設計や、自動車と自動車文化とに固執する建築家たちで溢れかえっている。シトロエンなしのル・コルビュジエは、レーシングカーなしのマリネッティ同様、想像できない。ノイトラでさえ、建築に自動車を納めることに早くから関心を寄せていたことが評価されてきた。例えば彼の1920年代と1930年代のドライブイン市場の計画案は、先鋭モダニズムの模範として捉えられている[★14]。

しかし、ノイトラの教会は決してそのような評価には至らなかった。同類の反応として、トーマス・ハインズは「この建物では自動車と一体となった参列者について、またこの状況に内在する設計上の可能性が、ほとんど言及されていない。その結果、後期モダニズムの形態の混ぜ合わせにゴツゴツした淡い色の自然石を、垂直性を強調したパターンに配置することで活気づけようとしたのだが、ありきたりのむなしい努力に終わってしまった[★15]」と言っている。このような評価にもかかわらず、コミュニティー教会は自動車の回転半径に対応する機能だけで済まされることなく、インターナショナル・スタイル由来のモダニズムのヒエラルキーに挑戦を挑む様々な方法で、建物に自動車を融合させたのだった。むしろ自動車は、ドライブイン教会の建築に侵入してきた問題を引き起こすこととなる多様な技術や汚染物質のうち、初期症状でしかなかった。建物は自動車のみならず、近代的な自立した空間ではまかないきれなかったやり方で、映画館、テレビ、通俗心理学及び大衆文化をも取り込んだ。その結果得られたのが、見かけとしては従来の統一感は欠如しているが——ゆえに評価は高くないものの——互いに矛盾する、捉えどころのない多様な力に関連づけて建築を考えることを促す建物であった。

　1955年のロバート・シュラーは、カリフォルニアに新たにやってきたばかりの、若くて熱心な改革派教会の宣教師であった。信徒団を創設しようと、彼は場違いとも思えるところで説教し始めた。日曜日の朝、何とドライブイン映画館を利用することで、神の家を創り上げたのだった。背景には経済的な事情があったにせよ、教会とドライブイン映画館とが重なり合うこの偶然には、両方の建物の観客構成を転換する、さらに実質的な意味合いがあった。当初見向きもされなかったドライブイン映画館は、その後ますます人気を博するようになっていたにもかかわらず、一般には郊外の景観としてふさわしい姿を脅かす侵入物として捉えられていた[★16]。車中での性行為についての懸念

――シュラーはプロテスタント派の牧師の訪問を受けたときのことを、"まさか本当にドライブイン映画館で新しい教会を始めようと考えているのではないだろうね"と、呆れかえったまなざしで聞いてきた。批判に満ちた目つきで私をじろっと見つめ、"あんな場所は、情熱のはけ口でしかない"★17と説教した」と書いている。――に加え、ドライブイン映画館のスクリーンは十分に管理されていないので、横を通行する車がスクリーンに映し出された映像を不意に見てしまうことが、たいへん恐れられていた。外部の者の周辺視野は、経済面、道徳面の両方からの恐怖をもたらした。入場料を支払っていなくても、スクリーンすなわち映画を盗み見することができると、心配する者がいた。観客層を管理できないという事実は、投影された画像が視聴者全員には「道徳的」にふさわしくないかもしれないという、さらにありふれた不安を増幅させた（従来の映画館も公共の場ではあったが、ここでは映画を見ることのできる視野が当然のように制限されていたのに対し、ドライブイン映画館では視覚的に混乱していたのでこの効果は弱められていた）。住民団体は、横を通り過ぎる運転手がスクリーンに夢中になり過ぎて道路が見えなくなり、事故や傷害事件を招くのではないかと主張した。すなわち、ドライブインは郊外型公害であった。

　その結果、ドライブイン映画館の所有者たちは、教会が彼らの資産を利用することによって得られる世間体を求めるようになった。逆に、教会が組織を拡大し、一般大衆を礼拝だけでなく宗教的な見世物の参列者へと改めるようになると、大衆娯楽は聖戦となった。例えば1958年にレックス・ハンバードは、高まる原理主義への関心に対しては、映画館とテレビの両方が有効であることに気づいていた。彼が率いるカルヴァリー教会は、当初オハイオ州アクロンの映画館で礼拝を行っていたのであるが、このまちに恒久的な本部としてカテドラル・オブ・トゥモローを建てる際には、これを特にテレビ向けに設計し、回転式

の舞台を目玉とする建物にした[18]。しかしながらドライブインという建物種は、従来の劇場からは得られない、特別な喜びをもたらすのだった。すなわち子供たちの遊び場があり、礼拝の合間には軽食を楽しめることに、聴衆は魅惑されていた。加えて、簡素な環境の中にあるドライブイン映画館で宗教儀式を行うこと自体が、台頭しつつあった原理主義の活動を通して原始的状況に近づくための象徴にふさわしいものとして捉えられたのである[19]。取り巻きに囲まれた謙虚な伝道師が軽食スタンドのカウンター上に立つ姿は、大画面にアップで映し出される映画スターの像とだぶり、重なった[20]。このようにドライブインにおける視覚の混乱が神の家によって手なずけられる一方で、神の家は、テクニカラーで『十戒』を見る穴だらけの映写室と化したのである。

　ノイトラほどの文化的立場にある者がドライブイン教会の設計をするという発想は、モダニズムが人気を得たことにより俗化された結果であると嘆かれるようになりはしたが、シューラーがそもそもノイトラに頼ろうとしたのは、まさにこのような反応を避けるためであった。ドライブイン教会自体、珍しいものではなかった。つまり目新しかったのは、このような構成を建築家の設計によって恒久的なものとし、またこれに記念碑としての意味合いを付加することであった[21]。1958年、ようやく正式な教会の建設資金を得たシューラーは、伝統的な礼拝堂を建てた。しかし、ドライブイン礼拝の要望があまりにも大きくなり、シューラーの催す宗教的な見世物の重要な要素ともなっていたので、礼拝堂とドライブインの両方で一日に何度も説教せざるを得ない状態に陥っていた。従って1959年に、さらに大きな建物のための資金を手にしたシューラーが故意に建てるのを選んだのは、自らウォークイン教会ともドライブイン教会とも呼ぶものだった。カリフォルニアでシューラーの大望に応えることができる建築家は、たぶんノイトラしかいなかっただろう。実際ノイトラは、屋内／屋外の構造物の両方に熟練

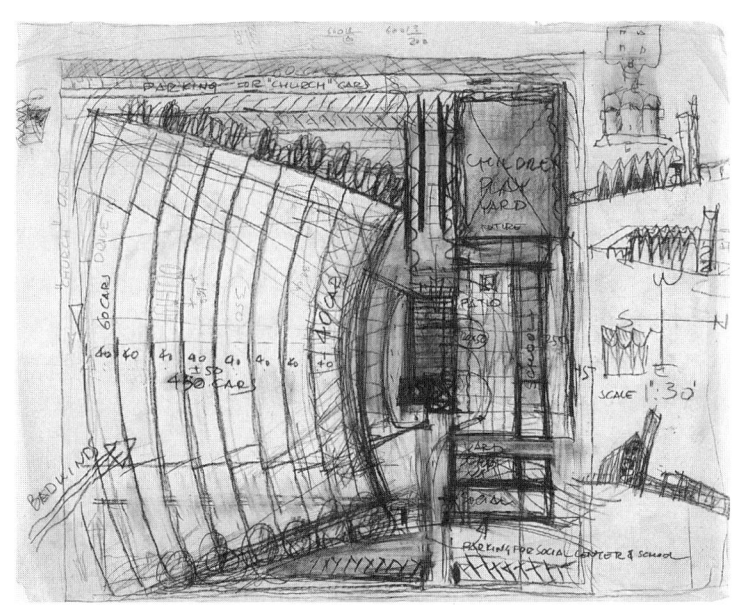

図30　リチャード・ノイトラ、ガーデングローブ・コミュニティー教会、初期のスケッチ、1960年頃

した、最も有名な実務家であった。

　ノイトラの設計の初期の段階からは、記念性、類型としての規則性、そして何よりも透明性という領域の建築群や可視性と奮闘していたことが読み取れる。最初のいくつかのスケッチを見ると、比較的ありふれた戦後教会のかたちを探っていたことがわかる［図30］。他では、どの特定の建物種にも属することがなく、どこを向いているかも方位もはっきりしない空間に、風格ある形式を添えるぐらいしかできない柱が立ち並ぶ陸屋根の廊下が描かれている。初期の案を生み出した発想は、シュラーが以前その上に立ち、説教壇として利用した売店のカウンターを、恒久的な厳めしいかたちにすることにあった。しかし設計

が進むにつれて、ノイトラはプログラムにさらなる特殊性を見つけ、これらの衝突し合う要素をより直接的な意義ある方法で構想を伝えるために用いた[22]。配置計画からは、教会の建物を半円形扇状のドライブイン駐車場から連続して繋がるように据えようとしたことが読み取れる。会衆席は、空間として恵まれていたり、視覚的に記憶に残るというものではなく、祭壇の周囲を回る専用駐車区画をもう一段付け足したものに過ぎない。同様に、説教壇には焦点としての役割は与えられず、従来の会衆席に座る信者たちと「デトロイトの会衆席」に座る信者たちを巧みに繋げる支点となっている[23]。教会の空間や視覚に関する標準的なヒエラルキーは徹底的に放棄され、新たな関連性に置き換えられている。

　室内と屋外とを結びつける、とてもわかりやすい繋ぎとなる部分が説教壇で、これは主要祭壇の東側から始まって外に移り、建物の外周を包み込む、地上から高い位置にある細長いバルコニーとなっている［図31］。この説教壇がふたつの会衆に対して視覚軸として機能するように、ノイトラは東立面を透明ガラスの大きな面で構成した。礼拝中、オルガン演奏が始まると、シュラー牧師が内から外へと移動できるように25フィート（7.5メートル）幅のパネルが引き開かれた。このテラスからシュラーは、従来の建物の中にいる者と礼拝を車中から見ながらラジオで聞く者を相手に、交互に説教した。ふたつの会衆は完全に隣接しているのだが、このふたつの視覚的体験は、別個のものでも統一されたものでもなかった。というのも、会衆がどこにいようとも、シュラーはいつも別のどこかにもいたからである。この設計のおかげで、両方の視聴者は常に注意力を割り振らざるを得なかった。教会は見るからに見世物以外の何ものでもなかったのだが、従来の意味からすればガーデングローブには何も見るべきものがなかった。

　車中の礼拝者たちは1回の礼拝で、少なくとも3つの異なる視覚経路を行き来させられた［図32］。当初、閉じられた窓を通して目にした

図31　リチャード・ノイトラ、ガーデングローブ・コミュニティー教会、1962年

図32　リチャード・ノイトラ、ガーデングローブ・コミュニティー教会

　建物の中で行われる宗教儀式は、まるでこれが聖域のガラス張りファサードに投影された映画であるかのように、受け取られていただろう。この場の設営自体、銀幕のある映画館に似ていたが、視角はあくまでも斜めからであった。引き戸の窓が開いてシュラーが外に出て来ると、この行為により教会の視覚論理は転換された。自動車での参列者たちは、これでようやく駐車場で生で行われている礼拝に参加することができ、シュラーを真正面から見ることができるようになった。説教師の像が機械を通して再生されることはなかったが、説教壇の下の鏡のような水盤に牧師の姿が映り込んで生じたレプリカが、噴き上げる12本の水流に象徴される十二使徒と一体化された。この角度から見るシ

図33　リチャード・ノイトラ、ガーデングローブ・コミュニティー教会

ュラーは、彼が室内にいて窓が閉まっているときと比べて、より現実的に見えると同時に、非現実的にも思えるのである。最後にシュラーが建物内に戻ると、窓がまだ開いたままの建物は劇場になった。開かれたファサードは、車中に座る観客が中で行われる礼拝を見る、プロセニウムアーチとなった。建物内部の参列者は役者で、後ろに控えた教会のインテリアは大道具装置の備わる舞台として機能した。建物の外では、生で行われる芝居がかった映画のような視覚モデルとの間に割り込んだ車のフロントガラスを通して見ることで、信心深い視聴者はさらに媒介的な領域に置かれるのだった。この領域では、同時に全く別の場所で発生する、いくつかの重なり合う出来事は、決してひと

つの像として結びつくことがなく、活気ある視野の中でぼやけたまま広がるのだった[24]。

　室内の礼拝者に対しても、同様の一連の転位が起きていた［図33］。正面ファサードは駐車場に座る聴衆に向けられているので、徒歩での来場者はこれといった特徴もない立面に迎えられることになる。建物に入るのも、ガレージから家に入るようなものである。この不均衡の感覚は、室内でも来場者につきまとう。会衆席を駐車場へと開く物理的な開口部を構造上可能とするために、非対称のトラスを片持ち梁で支持する工法が開発された。このことにより、祭壇に集中するだろう視線は逸らされ、屋外駐車場へと方向づけされる。普通だったら祭壇を囲む「凱旋門」▶2のような造作を貫く神聖な視線は、周辺視野に入り込む屋外にいるドライブインの聴衆に邪魔される。ノイトラが書いたように、「間口の広い教会東ファサードは透明なので……堂内の礼拝者はみな少なくとも漠然と、オレンジ畑の中の礼拝者でいっぱいになった円形競技場の存在に気づいていた[25]」のだった。しかも、この周辺視野で捕らえた車中の聴衆が見ていたのは、堂内の会衆が礼拝を見る姿であった。聖域の中の会衆の気が散らされたことで、ドライブイン映画館のスクリーンが車で横を通る人たちを魅惑してしまうかもしれないという心配は、反転させられた。今度は、屋外のドライブインが中にいる者にとって、祭壇への関心の集中を逸らす視覚の罠となっていた[26]。教会の中にいようと、車中にいようと、ガーデングローブ教会を訪れるすべての者は、見物人であると同時に見世物にもなることによって生じる可視性の矛盾に遭遇したのである。

　建築と映画と自動車とが組み合わさったことにより、見るという行為に対応する多様なかたちがノイトラの設計に今まで以上に求められるようになると、当初の建築計画に見られた独自の記念性も、見たままの姿をわかりやすく表現しようとしたいかなる跡形も消えていた。ノイトラは、建物の形態を次第に転換し──教会自体や他のさらに大

▶2　triumphal arch：軍事的な勝利を記念して建てられてきた凱旋門のうち、中央に大きなアーチと両脇に小さなアーチを控えた構造形式に因んで、同様の構成を持つ教会の祭壇前面に設けられた聖歌隊席の衝立を指す

きい複合施設は、事務所、教育空間や他の付属機能を含むに至るまで発展させ──どちらかというと彼の公共事業作品と関連深い巨大な曲線的な形態を徐々に排除し、住宅寄りの領域へと近づけていった。伝統的な劇場の設計でも、彼が視覚の「二重志向」と名づけたものを生み出そうとし、同様の過程をたどった[★27]。ノイトラがスペクタトリオ(Spectatorio)と呼んだ、1959年のデュッセルドルフ劇場の計画での視覚上の超流動性は、講堂空間の背面を大部分ガラス張りにし、大きなガラスのロビーへと開放することで生み出されていた。劇場のインテリアは相変わらず記念碑的であったが、ノイトラは住宅建築で用いる表現を、ガラスの隅部、スパイダー・レッグや深い軒廻りを含めて、ロビーという公共性の高い空間に採用した[★28]。ガーデングローブでは、このような家庭らしさをもたらす雰囲気が施設全体を取り巻き、教会堂内にまで浸透している。梁が顕わになった非対称の片流れの屋根と天井、フランク・ロイド・ライトを連想させる象徴的な暖炉の荒々しい石材、そして建物周囲に巡らされた景色を映し込む水盤は、ノイトラ評判の住宅作品を特徴づける要素であった。拝廊は実際は車庫で、説教壇は「世界のバルコニー」なのだ。教会は、ただ神の家であるだけでなく、パーキンズ邸やムーア邸の隅部の窓が教会そのもの、すなわち「生気ある外界」と連続する内なる環境の役割を果たすようになった、ノイトラの住宅作品でもあった[★29]。

　教会の中に住宅の要素を見出すことで、家庭が単に住む場所としての意味合いを超えた流動的な概念のように思えるのであれば、自動車は同様に家庭らしさをもたらし、環境化を進める要素となる。シュラーの謳い文句は、「自家用車で、ありのままお越しください」であったし、ノイトラはガーデングローブを「聖域内に座ることもできるが、アメリカ人にとってはふたつ目の住宅のように馴染みある大切な自家用車内に座ることもできる」場所として説明した[★30]。そのうえ自動車は、さらに家庭に近づける付属装置を持ち込んだ。ドライブインは

今まで長いこと、身近な食べ物、遊び場や個別の音響設備（ときには視覚設備も）を用いて、駐車場を徐々に私的なリビングルームへと転換させてきた[31]。自動車は実際あまりにも生活感に満ちていたため、ほとんど足かせともなった。シュラー牧師とノイトラは、「病人や身体障害者、身重の女性や下半身不随の兵士」も、人目に晒されることなく教会の礼拝に参列することができることを喜んだ[32]。弱者を隠すにおいて、自動車が家ほど優れているのであれば、さもなければ消えゆく家庭でのしつけを実施し、これを継承するうえでも、おそらく自動車は家よりも優れていることになる。ノイトラはドライブイン教会について、「多くにとって、待望の新しい家族体験となり、他の礼拝者に邪魔されることなく、家族で固まって座り、幼児を行儀良くさせ、膝の上に赤ん坊を乗せておける」と書いた[33]。教会は、自動車を家庭的にする一助となった一方で、逆に自動車は家の領域を侵害したのである。

　ガーデングローブ・コミュニティー教会では、多様な異なる規模の可動式及び固定されたユニットが組み合わされ、家族のプライヴァシーと公共の場での礼節、慣れ親しんだ喜びと見慣れぬ眺めが同時に提供された。これらの重なり合う雰囲気や視野領域は、一連の多角的な視野枠――劇場のプロセニウム、身廊の凱旋門、リビングルームの大きなガラス窓、ドライブイン映画館のスクリーン、そして車のフロントガラス――によって繋ぎ合わされた。1970年、ドライブイン教会でのシュラーの礼拝がテレビ放映され、ノイトラの建物が防音スタジオと化すと、競合する既存の視線にまたひとつ別の見学形態が加えられた[34]。テレビは、この時代の新技術及びこれらが生み出した新種の可視性を大衆レベルにまで広める基本手段であり、ノイトラはテレビ自体をどのように戦後住宅に統合するのが良いかという問題に、高い関心を寄せていた。実際、観客のための仮想空間を創り上げることで、私的な視聴に公共的な視界を融合するテレビの論理は、室内／屋

外の説教壇上のシュラーの現実の存在がブラウン管に置き換えられるだいぶ前からあった。ノイトラの設計は、これら様々な現実及び仮想の視野枠を融合する機械として競合する視線を増殖させ、傍観者を視線があちこちで交差し、粘着性の罠が密集する環境に浸したのだ。

シュラーとノイトラの用心深い目配りが、この母体に入り交じる視線の軌跡の究極のかたちである。ふたりの男は共に、心理上、内への洞察と外界の観察を提供するのも、彼らの専門的な役割のうちであると主張した。ノイトラは、彼自身がその場にいなくとも設計した建築を介して、結婚生活を楽にし、育児を支援し、ずっと後まで顧客たちの私生活の面倒を見ていると信じていた。シュラーがノイトラに設計を依頼した理由のひとつに、ノイトラの心理学への興味が挙げられ、事実シュラーは、ノイトラの建築と心理学に関する考え方に、個人的にも心癒されていたと語っている★35。シュラー自身、心理学者としては素人であることを、ノイトラよりもさらに率直に認めている。シュラーの神学理論が他のテレビ伝道と大きく異なるのは、「積極思考（possibility thinking）」に重きを置いていることである。彼は自身を超自我の代理とみなし、説教するのは悪や原罪についてではなく、低い自己評価のもたらす弊害についてである。聖職者としての職務では、心理改善を通して精神を救済するのだと主張しており、1966年にノイトラに希望の塔の増築を依頼したときには、一連の事務所を積み上げて「希望」を構成し、それぞれの事務所には結婚、人間関係、家族を専門とする療法士が開業する計画であった［図34］★36。塔の頂上には、24時間電話相談サービスが入居しており、ここに電話するには、「NEW HOPE（新たな希望）」の文字さえダイヤルすれば良かった▶3。ノイトラが「生気ある外界」と呼んだものは、電話線やテレビ電波を通じて伝達された通俗心理学の教義で満たされていた。建築のために環境という概念を開発するために心理学を用いたシュラーは、文字通り環境自体を心理学的に分析したのだった。

▶3 アメリカの電話のダイヤル／プッシュボタンには、2にABC、3にDEFのようにアルファベット文字が割り当てられており、文字列での電話番号表記に利用される

図34　リチャード&ダイオン・ノイトラ作、希望の塔からの俯瞰、ガーデングローブ・コミュニティー教会、1966年

イメージアビリティと環境デザイン　IMAGEABILITY AND ENVIRONMENT DESIGN

　ガーデングローブの教会竣工間もなく、ノイトラはマサチューセッツ工科大学にケヴィン・リンチの指導のもとで開設が予定されていた、環境心理学課程への力添えを求める手紙を受け取った[★37]。その数年前にリンチは、『都市のイメージ』(1960年)を出版していた。この本は彼によると、アメリカの都市に広まりつつあった知覚上の衝突を設計

者たちが緩和しやすくするような、建築の認知に関する研究である[38]。この研究の重要な概念となるイメージアビリティとは、観察者がある環境の中の数々の要素と相互に作用し合い、これらを意味のある安定したイメージへと転換することのできる能力を指す。ガーデングローブとの類似性は、はっきりしている。すなわち両者とも環境心理学を取り込み、知覚に焦点を当てている。そのうえリンチとノイトラは両者とも、自分たちの目指すところは改善対策の確立であると捉え、デザイン自体をこの治療法の中心をなす構成要素として捉えていた。しかしながら、両者が矯正すべき病理学的精神異常として解釈していたことが根本的に異なっていたので、処方する設計上の技術も異なった。ノイトラを、イメージアビリティによる治療法との繋がりから探ることで、彼の環境デザインにおける重要性、また彼が最後には環境デザインから疎外されたことを立証できる。つまり環境デザインの分野が徐々に正当化され、最終的には一種の主導権にさえなるにつれ、環境を設計するという行為に対するノイトラの理解がもたらし得た将来性は台無しにされたのだった。

　リンチはロサンゼルスについて、「ボストン中心部のようなそれとわかる特徴、安定性及び心地よい意味合いのほとんど」が欠けている、と書いた。この土地の目新しさ、スモッグ、高速道路及び低密度に開発された状態が、まるで企んだかのように方向性を失わせるように作用していた[39]。ロサンゼルスは無限に広がり、「全体としての姿を想像したり、概念化したりすることが困難になっている[40]」と書いた。リンチから見たロサンゼルスはイメージアビリティが低く、改善の余地がある病状を呈していた。彼の示すデザインガイドラインのひとつひとつが、どうにかしてイメージをより鮮明に伝えようとする試みであった。そのためにガイドラインでは、過度に活気づけられた環境条件のぼやけさせる作用を抑え、さらには人物と地面の対比を強め、象徴性によって規制される意味合いを強く押し出すのだった。リンチは

さらに、従来の記念碑を中心とする都市構成を設計者たちに強いることがないように気をつけながらも、視覚効果においては階層的、直感像的、そして意味ありげな、型にはまった記念碑的な形態を求めた。好ましいイメージは、その鮮明な可視性だけでなく、一目瞭然のわかりやすさによって特徴づけられるとされた★41。

ノイトラ同様にリンチの関心を惹いたのは環境の特性のうち、概念上の拡張性及び環境そのものの構成や効力の理解を深めるようにデザインを方向づける能力だった。両者とも観察者と環境との間の相互作用の特性を理解しており、都市化があまりにも急速に進み、もはや人間の適応能力と知覚の順応能力を優に超えてしまったことを特に危惧していた。ノイトラは、第二次世界大戦後になってますます盛んになっていると感じた見物する行為に伴う病理心理学に対して、自身の建物であれば治療効果をもたらすことができると信じており、この夢想的な信念ゆえに、ノイトラはリンチの当然の協力者であると思われていたに違いない。しかしノイトラは、この郊外型景観によって生み出される心理状況を鎮めたり、ロサンゼルスで道に迷うというリンチの深い恐怖を和らげたりするのではなく、矛盾するつかみどころのない凝視に満ちた領域を展開させ始めたのであった。リンチの解釈によると、ガーデングローブのイメージアビリティは低いことになる。塔屋がなければ、建物は自動車の海の中に埋もれてほとんど見えず、ましてや教会として捉えることもできなかった。そのうえ、この鐘楼が増築されたことで、ガーデングローブはさらにわかりにくくなっていた——バンハムでさえ、この塔屋を洗車場や喫茶店と見分けることができなかった。ほとんどの建築評論家の目にガーデングローブは、オレンジ郡の視覚公害を緩和するどころか、さらに深刻化させたように映ったのだった。

ノイトラの戦後期の環境設計の特徴は、拡散したイメージアビリティとわかりやすさに対して無関心だったことである［図35］。ここで強

図35　リチャード・ノイトラ、ムーア邸、カリフォルニア州オーハイ、1952年

調しておかなければならないのは、拡散性は必ずしも透明性の副作用として伴うわけではないことである。事実この透明性は、リンチが強く求め、はっきりと正しく方向づけするイメージの「鮮明な具体性」があってこそ成立するのだとも主張した、揺るぎない視覚性の類を強化するために用いられた[42]。拡散したイメージアビリティは透明性によって自動的にもたらされるものではなかったうえに、従来の視覚の手段を放棄するのには長い時間がかかった。ノイトラのロヴェル邸（1929）とカウフマン邸（1946）との違いを見れば、出現してきたこれら相反する可視性が建築に取り入れられるようになるまでに経なければならなかった数多くの手順が、一部ではあるが明らかになる。もっともこのような可視性のかたちは、1950年代までしか続かなかった。初期の家は、ロヴェル邸がその典型とされる他の無数のインターナショナル・スタイルの作品同様に、その鉄骨軸組と連窓で隔離される空間が、全く正確に定量化できるものである。規則的な構造グリッドが

限定的なヴォリュームを決定し、建物の正面性がさらに強調された視覚上の一貫性を瞬時に確立する。建物イメージの形態は、その全く欠点のない写真写りの良さを通して知れ渡ることになる。言い換えると建物は、明快な視野を体系化し、視覚上の鮮明さを決定づけるだけでなく、写真がどのように受け入れられるか、またその表現方法についてもこの指令が繰り返される。ロヴェル邸は視覚に強い印象を残す作品であったがゆえに、建物は写真を通して象徴としての地位を手にすることができたのである。

　これとは対照的にノイトラのカウフマン邸には、際だったファサードも、ヴォリューム上の明確さもない。その代わりに家は、開放的な窓壁を通して、その周囲の物理的境界を越えて曖昧にしみ出て、室内／屋外暖房、材料及び建築計画を通してその環境と雰囲気の連続性を求める。度重ねて複製され、幾度も分析されている、ちょうど家の完成と同時に撮影されたシュルマンの写真は、被写体の自立性をさらに拡散させている。この写真の画像は、最も有名な建築写真のひとつでありながら、ここで提示されているのは建築というよりはむしろ、想像上の生活様式のための雰囲気なのだ。特に重要なのは、このシュルマンの視線が意味するのは、単一の視線に支配された不変の構造物の静止画像ではもはやなくなっていることである。それどころかこの写真には、流動的な環境を見る、またこれを見通すいくつかの矛盾する凝視が表されている。すなわちカメラの斜めからの視線、カウフマン夫人が返すどんよりとした視線、そしてこれらを横切るように配置された調度品の向き[★43]。建物は、従来の視覚的調和を手放しはしたが、第二次世界大戦後の世界になってますます増加してきた数多くの視線を巧みにまとめ上げたのだった。

　シュルマンの写真は、モダニズム建築の空間上の本質主義及び自立性に対して常に不利に働いてきた他の技術を踏まえた上で見る必要がある。スピードを通して空間認識を歪めた汽車から、反射を通して空

間を不透明に変えたガラスまで特定の材料や乗り物は、建築物としての独立性を弱めていった。しかしながらそのような技術に代表される攪乱の類は、急増する自動車、テレビ、飛行機や宇宙船が、空間の隔離や識別という建築の能力にさらに立ち入るようになるにつれて、第二次世界大戦後の時期にものすごく強烈になった。これら人気の装置は、モダニズムの純粋な空間にますます制御不可能な生態学を絡ませるようになり、視野をかつてない数の視点で溢れさせた。このような視覚の拡散は、今まで十分に注目されてこなかったが、重要な郊外型公害を構成していた。

　この公害への反響が原動力となって、ガラスの家の部類に入る建築は発展し、ノイトラの作品はすべてこの様式のもとで捉えなければならない。20世紀初頭、モダニズムの窓からの眺めはほとんどの場合、私有地の景観か遠くの地平線であった。例えばル・コルビュジエの連窓は、居住者と外界との距離を、後者を水平線とみなすことによって定める[44]。しかし人口密度が増加しつつある混雑した郊外の景観という背景の中では、思惑の込められた窓壁はむしろアメリカのリビングルームのありふれた特徴にしかならなかった。個人の屋敷の保護された眺めを提供する代わりに、これらの見晴らし窓は、一連の新しく気がかりな関心や心理状態を発生させたのである。どこまでも続く窓はもはや遠くの水平線を追わなくなり、むしろ内と外とが視覚的に接近する効果を生み出すのだった。郊外の見晴らし窓に象徴されるプライヴァシー侵害の可能性は、テレビの急速な普及により強化された。テレビのおかげで外界を眺められるようになったばかりでなく、外界から内側をのぞき込まれる恐怖も生み出された[45]。技術の介在があり、環境的には危険に晒されるようになった家庭という囲いは、今や譲れない砂に引かれた線というよりはむしろ舵取りが必要な領域となっていた。

　多くの建築家たちはこの増大する視覚上の衝突に対して、偏執と、

これを相殺する自信とで対応した。例えば、ジョンソンのガラスの家とミースのファーンズワース邸には大きな差異があるにもかかわらず、両者は近代的な家庭空間の古典的視線を共有する[★46]。ふたつの家では透明性が従来の室内のいかなる自立性の意味合いをも破壊するものの、ガラスの壁が内部の家庭性を内包し保護する、現象としては一方向に向かう全能の視線を生み出す。ファーンズワース邸では、クライアントからずいぶん抗議を受けたにもかかわらず、ミースは逆に外から侵入し得る視線というものを全く想像できずにいた[★47]。彼は、鮮やかな演出をまとったガラス面で囲ったことで、既に家の室内はまもられていると信じたので、イーディス・ファーンズワースを露出から保護しなければならないとは全く感じなかった。ガラス面は実際は、景観を描いた絵画である。つまりここから四方を見回すことができるが、見えるのは外界ではなく、絵画的な雰囲気をもたらす視野の奥まった場所であった[★48]。しかも、これらのガラスのキャンバス背後のおとぎの国からのぞき込む者は誰もいない。建築は、この一方通行の透明性という誘導された可視性を利用し、さもなければ破壊されてしまう室内のための新しく堅牢な囲いを設けたのであった。

　ファーンズワース邸では、建築を環境設計に用いようという考えをもてあそびながら、結局は放棄した。一方ガラスの家では、ファーンズワース邸で立証された、同時進行する空間破壊と視野による要塞化がさらに強く打ち出された。ジョンソンは、室内の壁さえも取り除くことで室内の解体をさらに徹底して表現した。こうすることで観察者の視点は、ほとんど容赦なく外のニューカナンの屋敷地へと導かれるのである。同時に、建物のピクチュアレスクな配置に支配される眺めが、ミースが凝視の操作を通してもたらそうとした室内の現象論的安心感を強化している。家は両方とも、想定された見られる恐怖からは、視野を制御したり「具体的で鮮やかな」演出用のガラスの外壁を立ち上げたりすることで居住者を防御した。もちろん両方の家とも何も妨

げとなるもののない空間の広がりにおいて、強い印象を残す揺るぎない作品となっているので、観察者に言わばはっきりと理解することを教え込むだけでなく、リンチのイメージアビリティの基準も満たしている[49]。イメージアビリティの高さゆえにこれらガラスの家はさらに囲み込まれ、横を通り過ぎる者は気を散らされ、居住者自身と彼らの空間の自立性を保護するのだった。頑丈な壁はないものの、両建物の室内は視覚公害と環境による建築汚染の両方からまもられていたのである。

　これらや他の同時代の多くのガラス建築が、モダニズム住宅の純粋な透明性を体現する一方で、ノイトラの作品からは環境デザインの意志の弱さがにじみ出ている。例えばドライブイン教会では、拡散した視野と環境の相互依存を優先するがために、演出上の明快さと空間の自立性を放棄した。ノイトラのミッドセンチュリーの家は、ミースの美化された平面や一方通行の円錐状の視野や全能の凝視とは異なり、多様な度合いと種類にわたる視界に特徴づけられるのである。頑丈な壁が透明な壁を遮り、隅部が複視を起こし、開口部廻りに採用された鏡や水は、異様で近視眼的なぼやけた状態を生み出す。夜になっても、照明は策略的に配置されているので、ガラス面には景観演出上邪魔になる絵画的な像の映り込みが抑えられ、代わりに夜の深をのぞき込むことのできる——同時に外からも見られる——不気味な条件が生み出される[50]。室内が屋外と出合うような編成の視覚上の矛盾は、最終的には実際に内外の境界が超えられる可能性により深化させられる。地面から天井まで達する、作動させたり移動できたりするガラス板が引き開かれると、家庭的な室内は外へと流出し、屋外の力が内へと浸透してくる[51]。

　このように、ノイトラが持続的な視覚の振幅及び「同時に起こる二重認識」と呼んだものに満たされたモダニズム建築の空間は、アメリカの新たな観客心理と技術に活気づけられた環境となった。建築は複

数の状況間を行き来していたので、リンチの言うイメージアビリティに求められる安定性を身につけるのに十分なだけ、落ち着いてはいられなかった。空っぽの空間をさまよう視覚と環境に作用する視覚は発想が異なり、これらが生み出す効果も異なる。前者が求めるイメージは自立的でわかりやすいものであるが、イメージの解像度が低ければ干渉と視覚の相互依存に遮られてしまう。ノイトラの窓から歩み出ることが、ミースのガラスの投影面のひとつを見ることと異なるというだけでなく、ノイトラの家を見ることの方が難易度は高い。つまりノイトラの家はモダニストの感覚からすれば透明であるだけでなく、見えないうえにはっきりしていない。シュルマンの視覚の鋭さをもってしても、ノイトラの戦後の家を見かけ上独特で印象に残るものとして表現することができなかった。一連の象徴的なイメージではなく、ノイトラのミッドセンチュリー住宅を写したシュルマンの写真が見る者の心を打つのは、全体として建築の雰囲気のうつろい変わる本質を伝える、ほとんど同じ隅部の窓が数多く存在するという事実である。リンチが関心を抱いた直感的なわかりやすさを求める矯正的療法が家のこの領域に配置されているのだが全く場違いである。というのはこの領域は、意味を伝達するよりもムードを伝えるのに適しているからである。建築の境界ではなく、感情的な環境という新しい概念の境界を構築、移動、あるいは除去できる、これらの記憶には残らない魅惑的な画像が、議論のきっかけとして可能性に満ち溢れているように思えてしかたがない。

第7章 注

★1 ノイトラが顧客として見込みある人たちによく聞いた質問への返答として書かれた、オーリーン・ムーアの好き嫌いに関するメモの導入部。ノイトラ・アーカイブ所蔵。
★2 ディラー&スコフィディオの作品では、これらの課題が極めて鋭く追究されている。この文脈におけるディラー&スコフィディオについては、Anthony Vidler, *The Architectural Uncanny: Essays in the Modern Unhomely* (Cambridge: MIT Press, 1992), p.158以降を参照 (邦訳：アンソニー・ヴィドラー著、大島哲蔵、道家洋訳『不気味な建築』鹿島出版会、1998)。
★3 これの引用は、ノイトラの文章に頻出する。一例が、彼が挿図入りで*Architectural Forum* (January 1954) で刊行した"Survival through Design"である。
★4 Nikolaus Pevsner, *An Outline of European Architecture* (1943: Harmondsworth: Penguin, 1963) の最初の文(15)は、「自転車置き場は単なる建物であるのに対し、リンカーン教会は建築作品である」(邦訳：ニコラウス・ペヴスナー著、小林文次、竹本碧、山口広訳『新版 ヨーロッパ建築序説』彰国社、1989)。
★5 バンハムが「ファンタスティックな」建築と呼んだものについては、Reyner Banham, *Los Angeles: The Architecture of Four Ecologies* (Harmondsworth: Penguin, 1971), 111以降を参照。
★6 Richard Neutra, *Life and Human Habitat / Mensch und Wohnen* (Stuttgart: A. Koch. 1956), 19-20; さらに*Survival through Design* (New York: Oxford University Press, 1954), 154-155 も参照。
★7 Ruth Beebe Hill, "Fitting Life with a Shell," 日付なし、タイプ原稿、ノイトラ・アーカイブ、5に引用されている。
★8 原子爆弾の文化史については、Margot A. Henriksen, *Dr. Strangelove's America: Society and Culture in the Atomic Age* (Berkeley: University of California Press, 1997) を参照 (訳注：Dr. Strangeloveとは原子爆弾をテーマとしたスタンリー・キューブリックの映画『博士の異常な愛情／または私は如何にして心配するのを止めて水爆を愛するようになったか』(1964) の主人公である)。
★9 Rachel Carson, *Silent Spring* (New York: Fawcett Crest, 1962) を参照 (邦訳：レイチェル・カーソン著、青樹簗一訳『沈黙の春 生と死の妙薬』新潮社 (新潮文庫)、1974)。
★10 原子爆弾に対する不安は、冷戦中のアメリカでのジェンダーや性の認識についての新たな思想の台頭に対する不安にも結びつけられてきた。Elaine Tyler May, "Explosive Issues: Sex, Women, and the Bomb," in Lary May, ed., *Recasting America: Culture and Politics in the Age of Cold War* (Chicago: University of Chicago Press, 1989), 154-170を参照。
★11 David Riesman, *The Lonely Crowd: A Study of the Changing American Character* (New Haven: Yale University Press. 1950), 364-367。
★12 ノイトラの作品は、フィリップ・ジョンソンやリチャード・マイヤーの作品を含む今日のキ

ャンパスに完成した最初の建物であった。シュラー夫妻は、フランク・ゲーリー設計による建物の建設を検討したこともあった。

★13 ノイトラが1940年代末に出会ったアレキサンダーとの仕事上の関係については、Thomas S. Hines, *Richard Neutra and the Search for Modern Architecture*（New York: Oxford University Press, 1982）, 223以降を参照。

★14 Thomas S. Hines, "Designing for the Motor Age: Richard Neutra and the Automobile," *Oppositions* 21（Summer 1980）, 35-51及びRichard Longstreth, *The Drive-in, the Supermarket, and the Transformation of Commercial Space in Los Angeles, 1914-1941*（Cambridge: MIT Press, 1999）, 63-65, 144-147を参照。

★15 Hines, *Richard Neutra*, 281。

★16 ドライブイン映画館については、Kerry Segrave, *Drive-in Theaters: A History from Their Conception in 1933*（Jefferson, N.C.: McFarland & Co., 1992）; 及び Elizabeth McKeon and Linda Everett, *Cinema under the Stars: America's Love Affair with the Drive-in Movie Theater*（Nashville: Cumberland House, 1998）を参照。

★17 Robert H. Schuller, *Move Ahead with Possibility Thinking*（New York: Doubleday, 1967）, 10。

★18 Steve Bruce, *Pray TV: Televangelism in America*（London: Routledge, 1990）, 36。ノイトラはアレキサンダーと共に、コスタ・メサのオレンジ・コースト大学の講堂（1957）でも回転舞台を設計している。

★19 シュラーは、成功を収めたテレビ宣教師のうち、唯一原理主義者であることを表明していないのだが、従来の教会におけるヒエラルキーのあり方に関しては、原理主義者たち同様に批判的である。テレビ放送を介した伝道の成功は、聖職者と在宅の（神学的なまたは制度上の介入のいずれからも自由な）参列者たちとの間の直接的な接触がどれだけ伝達されるかに大きく依存しており、シュラーは中でも最も成功したひとりであった。このように、シュラーが利用した建築的及びテレビ向けの配置は、見世物見たさの欲求と簡素への欲求との間を常に揺れ動いていたのである。Andrew S. Buckser, "Sacred Airtime: American Church Structures and the Rise of Televangelism," *Human Organization* 48, no. 4（Winter 1989）, 370-376を参照。

★20 ノイトラは、映画スクリーンに映されたものが現物以上に見える傾向と、比較的控えめなキリスト教の伝統との間に生じる矛盾に気づいていることを、「しかし何よりも大切なのは、牧師は決して巨大な投影ではなく、あくまでもひとりの人間であり、これは今後も変わることはない」と書き、明らかにしている。"Community Church in Garden Grove California," 3, ノイトラ・アーカイブ所蔵、手書き原稿。ノイトラ・アーカイブに納められた多数の文書同様、このエッセーは広報目的で書かれ、恐らくダイオンと事務所職員が執筆した原稿をノイトラが編集したものである。例えばこのエッセー自体、ほとんど一語一句変えずに*Church Management*（October 1962）, 16-20に掲載されている。便宜上、以降このようなエッセーをノイトラの著作とする。

★21 ノイトラは1962年にヴァリー・コミュニティー・ドライブイン教会という、ふたつ目のドラ

イブイン教会の設計を受託したが、実現しなかった。
- ★22 ノイトラは、個人的にドライブイン教会での礼拝に参列したことにより、設計方針が変わったと述べている。「建築家にとって千人規模の参列者のための新しいながらもより伝統的な聖域を設計するという考えは、当初はもっと伝統に沿うものであった。しかし、こぎれいに着飾った子供たちで溢れ、バックシートには患者たちが身を寄せ合う自家用車の集団を前に行われる礼拝に1、2回通ううちに、彼は神に近づくためには実際無限の多様な方法があることに急に気づいた」と書いた。Neutra, "Community Church," 2-3, ノイトラ・アーカイブ所蔵及び *Church Management*, 18を参照。
- ★23 Neutra, "Community Church," 2, ノイトラ・アーカイブ所蔵及び *Church Management*, 17。
- ★24 駐車場は、ドライブイン映画館でスクリーンが良く見えるように用いられる扇型の配置を踏襲した。ノイトラはアスファルト舗装を「天国の牧草地のような波打つ芝生」として描写し、「そのうえ、合唱隊の広い舞台をダッシュボードや前に止められた車より上方に、かつ私たちのフロントガラス上端より下方に見えるように、自動車を傾けることができる」と述べた。Neutra, "Community Church," 3, ノイトラ・アーカイブ所蔵及び *Church Management*, 18を参照。
- ★25 Richard and Dion Neutra, "Designing an Indoor-Outdoor Church," 2, ノイトラ・アーカイブ所蔵、手書きエッセーを参照。
- ★26 シュラーは、教会の周囲に見える景観をとても強く意識していた。例えば、希望の塔建設中に、通りの向かいにヤマサキが高層塔の開発計画を立てていることを知った。これらの新しい建物が、高速道路から教会への眺めを妨げるのではないかと不安になり、ノイトラに間に入ってヤマサキに建物を動かしてもらうように願い立てして欲しいと訴えた。シュラーからノイトラ宛書簡、1965年10月20日、ノイトラ・アーカイブ所蔵を参照。
- ★27 「玄関から活気のある外界へと向けられたこの幅広の巨大でさえあるガラスの開口部は、ノイトラにとって単なる心地よい装飾効果以上のものであった。これは彼にとって、劇場の概念を構成するヤヌスのような *二重志向* の基本要素である（訳注：ヤヌスとは、ギリシャ神話に出てくるふたつの顔を持つ神）。一方向には舞台の幻想があり……反対方向には永続する現実の世界がある。これらふたつの、決して消えることのない同時に起きる二重認識という精神的融合の世界が、真実の劇場体験を構成するのである」。Richard Neutra, "Glass in the Theater Building," ノイトラ・アーカイブ所蔵手書きエッセーThoughts（1961年7月10日付）を参照。
- ★28 オレンジ・コースト大学の講堂（コスタメサ、1957年）の全体構成には、家庭的な特徴が少なかった。この違いは、ノイトラとアレキサンダーの共同作業の結果によって生じたのかもしれない。
- ★29 Richard Neutra, "Glass in the Theater Building," Thoughts所収。
- ★30 Neutra, "Community Church," 1, ノイトラ・アーカイブ所蔵及び *Church Management*, 17。
- ★31 次第にほとんどすべてのドライブイン映画館では、単一の拡声器セットから映画の音声を

流すのではなく、すべての車に個別のスピーカーを備えることで、自動車ごとにプライヴァシーが得られるようになった。いくつかの劇場では、車ごとにミニスクリーンを備えつけ、視覚上のプライヴァシーも提供しようと試みた。例えば、ニューメキシコ州アルバカーキのオートスコープでは、「映画は周囲から見られません」という謳い文句で宣伝していた。Segrave, *Drive-in Theaters*, 101以降を参照。

★32 既刊、未刊を合わせてノイトラ文書には、ドライブイン形式のこの点について無数の言及が含まれている。

★33 Neutra, "Community Church," 3, ノイトラ・アーカイヴ所蔵及び*Church Management*, 18。

★34 ノイトラ設計の教会での礼拝をテレビ放映したおかげで人気を博し、10年後にはクリスタル・カテドラルが必要となった。教会が拡張された1966年、リチャードとダイオンはこの設計を受託するためにずいぶん骨を折ったが、ふたりに言わせれば彼らの協力者ベノ・フィッシャー（Benno Fischer）に盗み取られたのだった。

★35 シュラーは、彼の考えが「全く間接的にではあったが、建築家リチャード・ノイトラの安定した神学理論と心理学（彼自身そのようなものであるとは気づきもしなかったが）によって整理された」と記した。シュラーはさらに「建築は神学理論と心理学を救済するようになるであろう」とも主張した。Robert Schuller, *Peace of Mind through Possibility Thinking* (New York: Doubleday, 1977), 8-10。

★36 希望の塔は大部分が、リチャードの息子、ダイオン・ノイトラの手による。

★37 ノイトラは、1965年11月16日付でマサチューセッツ工科大学都市地域計画学科のスティーヴン・カー（Stephen Carr）から手紙を受け取った。ここでは、「この学科が創設する都市環境心理学分野の教育研究プログラムに関連して」ノイトラの支援を得たく「ご存じの通り本学のケヴィン・リンチ教授や他の者は、都市の形態によって人々が都市をどのように感じるか、またこの印象をどのように体系づけるかについて、研究を進めてきた（例えば、『都市のイメージ』）。私たちはこの作業を今日の心理学理論や研究にさらに密接に関連づけたく考え、環境が人間の行動や健康に及ぼす他の影響をも含めるように、この研究を発展させようと計画している」と書かれていた。手紙では引き続きプログラムを説明し、文献の提供や他の助言を求めている。

★38 Kevin Lynch, *The Image of the City* (Cambridge: Technology Press, 1960)（邦訳：ケヴィン・リンチ著、丹下健三、富田玲子訳『都市のイメージ 新装版』岩波書店、2007）。

★39 同上、43。

★40 同上、40。

★41 この文脈における「良い（good）」という言葉の使用については、さらなる研究の価値がある。リンチが「良い」という言葉が理想的ではないが順応性のある柔軟な原則であることを示唆しようとするのは、ウィニコットの母親としては「十分（good enough）」であるという概念に匹敵する。この主題の本質を突く研究を私はまだ目にしていない。

★42 Lynch, *The Image of the City*, 128。

★43 ジュリアス・シュルマンについては、Peter Gössel, ed., *Julius Shulman, Architecture and Its Photography* (Cologne: Taschen, 1998) 及びJoseph Rosa, *A Constructed View: The Architectural Photography of Julius Shulman* (New York: Rizzoli, 1994) を参照。特にカウフマン邸の写真については、Simon Niedenthal, "'Glamourized Houses': Neutra, Photography, and the Kaufmann House," *Journal of Architectural Education* 47, no. 2 (November 1993), 101-112を参照。

★44 Bruno Reichlin, "The Pros and Cons of Horizontal Windows: The Perret-Le Corbusier Controversy," *Daidalos* 13 (September 1984), 65-78; and Beatriz Colomina, *Privacy and Publicity: Modern Architecture as Mass Media* (Cambridge: MIT Press, 1994) を参照。

★45 テレビと戦後アメリカの住宅建築との関係については、Lynn Spiegel, *Make Room for TV, Television and the Family Ideal in Postwar America* (Chicago: University of Chicago Press, 1992) を参照。

★46 ミースについては、Fritz Neumeyer, *The Artless Word: Mies van der Rohe on the Building Art*, Mark Jarzombek訳 (Cambridge: MIT Press, 1991) 及びWolf Tegethoff, *Mies van der Rohe: The Villas and Country Houses*, Russell M. Stockman訳 (Cambridge: MIT Press, 1985) を参照。ガラスの家については、David Whitney and Jeffrey Kipnis, eds., *Philip Johnson: The Glass House* (New York: Pantheon, 1993) に集められているエッセーを参照。

★47 Alice T. Friedman, "People Who Live in Glass Houses: Edith Farnsworth, Ludwig Mies van der Rohe, and Philip Johnson," *Women and the Making of the Modern House: A Social and Architectural History* (New York: Abrams, 1998), 126-159所収を参照。

★48 ミースのガラスの使い方のこの点については、バルセロナ・パヴィリオンに関する文献で最も深く考察されている。例えば、Robin Evans, "Mies van der Rohe's Paradoxical Symmetries" *AA Files* 19 (Spring 1990) 56-68; and José Quetglas "Fear of Glass: The Barcelona Pavillion," in *Architectureproduction* (Princeton: Princeton Architectural Press, 1988), 122-151を参照。

★49 イマジアビリティについては、Lynch, *The Image of the City*を参照。

★50 ノイトラは視覚を制御するために、ガラスと照明とをかなり入念に組み合わせて用いた。彼は、ヴァン・デ・リウ (Van der Leeuw) 研究所について、「大きなプレートガラス背後のプライヴァシーは、あの屋外照明の反射によって*視覚的に保証*されていた。ここでは、*間接照明源*を十分に研究し、賢明な使い方をした。こうすることで部屋には視覚的な落ち着きがもたらされ、夜間には大きな窓面から内向きに反射された光と、屋外の軒廻りから植栽に反射され、外気へと広がる光が神秘的に入り交じり、室内と屋外との境界を覆い隠す効果を生み出した」と書いている。Richard Neutra, *Life and Shape* (New York: Appleton-Century-Crofts, 1962), 265-266での強調点を参照。

★51 例えばル・コルビュジエは、外壁に耐力壁をなくせば、彼が窓壁と呼ぶものを採用できるので、広いガラス面が確保できるようになると説明した。しかし、彼の理想とするシナリオで

は、この窓壁を用いて機械的に制御された室内を封じ込めることを想像していた。Le Corbusier, "Techniques Are the Very Basis of Poetry" (1929), *Precisions on the Present State of Architecture and City Planning*, Edith Schreiber Aujame訳 (Cambridge: MIT Press, 1991), 35-66所収; 及び彼の "Petite contribution ? l'étude d'une fenêtre moderne" 及び "Appel aux industriels" in *Almanach d'architecture moderne* (Paris: G. Crès, 1925) を参照。ノイトラは大型窓の技術面、特に空気調和と突きはけに納めた隅部との関係から関心があったにもかかわらず、構造上の配慮よりも環境の流れを常に重要視するのだった。例えば窓の枠組を屋外へと移動させる彼のスパイダー・レッグは、多くの場合ツーバイフォーの木部で造られ、I型鋼に見せかけるように組み立てられ、黒くペンキ塗りされた。このように偽装することで、ノイトラの窓壁の構造上の意味合いの貧弱さは隠されるどころか、むしろ強調されるのである。ミースとジョンソン両者とも同様に作動する窓壁を用いたのだが、床面の高さを変えることで屋外とは不連続になるようにしたのだった。テューゲントハット邸では、リビングルームの大きな窓では2層分の高さの違い、そしてガラスの家では、煉瓦積み分の段差が設けられている。

第 8 章
THE SURVIVAL OF DESIGN
生き延びるデザイン

「どうだろう」、友人が最近私に言った。
「これほど開放的かつ透明で、
暗い心配や隠れ場所や秘密から
解放された近代的な家は、
きっと私たちの世代の心理学の影響を
反映しているに違いない」と。
　　　　　ラッセル・ラインズ
　　　　　『家庭のアメリカ人(*The American Home*)』[★1]

ある出来事の歴史的意義を評価する最も一般的なやり方は、長い年月にわたる直接的な因果関係を通して、ある特定の考えや現象の影響をなぞり、その発展の系譜を論証する方法である。ガラス窓からさらにガラスの量が増えた窓まで、またオープンプランからさらにもっと開放的なオープンプランまでのように、設計展開上のドミノ理論をたどるモダニズム建築の歴史はたくさんあり、ミッドセンチュリーのモダニズム建築を扱う記事もますます増えつつある。こうした歴史ではノイトラの役割については、例えば構造の優位性を確立したことに重きが置かれたり、あるいは他では地域性に配慮した有機的建築を展開したことの重要性が強調されたりして、ときには論議を呼び起こしながらもかなり取り上げられてきた。ただ、彼がロサンゼルスの建築家のケーススタディ世代に与えた影響について、私たちは今まで以上に正確に理解を深めることができるだろう[★2]。また、彼がキューバ、プエルトリコやパキスタンに建てるようになってから、アメリカ化されたモダニズムの国際的普及において果たした役割には、さらに詳細を加えることができるだろう[★3]。これらの軌跡の根幹は既に確固たるものとして確立されているので、ここでの言及には及ばない。その一方で、意識的にまとめられた歴史における歴史的意義の評価には、従来とは

異なる手法が必要となるので、実際に起こったことと同じぐらいの重みを置いて、起こり得たことにも注目しなければならない。

　ノイトラが引き起こしたのではないながらもその一部をなす歴史は、建築の心理学との関係についての歴史である。ノイトラはたぶん他の誰よりも強く、精神分析が良い建築の根拠となることを、「すべての者は精神分析を必要とし、家を建てるのであればなおさらである」[4]と主張していた。彼は、顧客と彼女の家との間に生じる精神力学に関心を抱いただけでなく、そのような親密で感情的なかかわりが実務に及ぼす影響についても同様に関心があった。ノイトラは「建築家がみな心理学者と手を組んで仕事ができるのが最善の方法である」と主張した[5]。1960年代も終わりに近づくと、特に公共事業、学校や病院の設計において、多くの建築家にとってこの主張は現実となった。全国の大学では、建築学科の常勤職員に精神分析医を置くようになるか、あるいは充実した環境心理学のプログラムを提供するようになった。これらのプログラムの多くでは、マサチューセッツ工科大学のリンチの専攻同様に、ノイトラをこの分野の創始者とみなした。この展開が、たとえ彼の作品を読み誤った結果によるとしても、これまで見逃されていた彼の影響の跡として容易に説明することができる。

　しかし、これがノイトラの作品が及ぼし得た最も実り多い影響であったかどうかは明らかでない。「精神科医としての建築家」という設定をすることで、話は面白くなってくる。例えば、顧客らが必要としたのは建築家ではなく、離婚だったというノイトラの治療上の〈感情移入〉だけでは対処できなかったほど大げさに、皮肉と当惑を込めて下された所見で締められる、あのよく引き合いに出される住宅を依頼した顧客たちとの打ち合わせである。他方で、建築を精神医学の専門の対象とすることにより、この分野の究極的には行動主義的及び社会学的手本となるよう、設計の価値が低く評価される不和を生み出したのである[6]。精神分析文化の影響力がますます巨大化した1970年代

までには、設計は社会の精神衛生面の改良以外の目的を持たないものとして次第に提示されるようになっていた。ノイトラが理論化し、その価値評価を確立しようとした「ただの審美眼」は代わりに病的なものとみなされるようになっていた。

この変化を受けて、建築設計は解決法ではなくなり、反対に課題となった。建築家たちはノイトラのように自身を精神分析医としてもはや考えなくなり、自らを患者として考えるようになった。フランク・ゲーリーとピーター・アイゼンマンは、過去数十年間の最も著名な建築界の被分析者である。両者とも、受けた精神分析について頻繁に、それも包み隠すことなく話している。ゲーリーは精神分析医ミルトン・ウェクスラーのおかげで設計者としての行き詰まりを克服することができたと認め、アイゼンマンは独自のユング派精神分析に関連づけて「グラウンド」プロジェクト▶1と呼ぶものの展開を説明する★7。しかしいずれの建築家も、自分の個人的経験が模範的であるとも、他者にとって体系的利用価値があるとも主張することはない。加えて、彼らは作品に顧客を「治療」する責任をあてがうこともない。アイゼンマンは不安を和らげるのではなく、不安を生み出すことで特に悪名高い★8。オハイオ州コロンバスに建てられたコンヴェンション・センターの「ひどい設計」は不名誉にも、ノイトラが不思議の館に結びつけた激しい悪心を発生させたことで有名である★9。ゲーリーとアイゼンマンはもはやこの治療の一環を担っていると主張こそしなくなっているかもしれないが、精神分析文化には参加している。実際、両者とも彼らの設計は分析的内省の道具であると言い張るのだが、私はこれをより正確に精神分析的内省と定義づけたい。ノイトラのスパイダー・レッグは高い頻度で、ゲーリーの初期の作品に、そしてアイゼンマンの典型的な作品のほとんどに現れる。スパイダー・レッグは、一般的な形式の連続性を示す実例だけでなく、意外にも建築を自己内省的にする先例となった [図36]。リンチの単純で心強い建築像への愛着

▶1 "ground" projects：建築を大地に戻すために、土地にまつわる歴史から関係する様々なグリッドを読み取り、現況に重ねて表現することで、設計のための地面を形成した。多くの場合、このグリッドを、発掘現場のように足跡として表す

図36　リチャード・ノイトラ、シングルトン邸、ロサンゼルス、1959年

をアイゼンマンが拒絶していたことはさておいて、アイゼンマンが建築の記号学に興味を持つきっかけとなった認識性の問題は同様に、リンチの知覚心理学の焦点となった認識の形態に関連づけて考察すべきであることは間違いない。

　ゲーリーとアイゼンマンが患者として積極的であったにもかかわらず、それでもなおだらだら続く精神分析を必要としたことには、何か

子供じみたところがある。ノイトラの表明が、この惑星を救うと言った気恥ずかしくなるほど壮大なものであったことを考えると、何らかの責任逃れがあってもおかしくない。しかしながらゲーリーとアイゼンマン両者の自己防衛的な主張は、謙遜あるいは被害妄想のいずれをも暗示するのではなく、実際建築家たちが攻撃されてきたという事実を指摘した。建築家たちは病気であり、彼らを治癒できるのは歴史家であると主張したのは、ほかならぬレイナー・バンハムであった。彼によると、「新たな歴史学方法論がその運動を診察室の寝椅子に横たわらせ、恥ずかしい質問を聞くのだ」った。オーギュスト・ペレは「構造の変質者」とされる一方で、バンハムは他の建築家を「緊張性強迫観念」に悩まされていると説明する。歴史家は「魂の治癒、この職業の意識、その正気さえの保護」を任命されているので、「完全無欠な」診断を下さなければならない[10]。もしかしたらゲーリーとアイゼンマンは、自らが既に分析される側にいることを告白すれば、バンハムの寝椅子に横たわらずに済むと考えたのかもしれない。

　ノイトラは、精神分析に用いられる寝椅子に別の意味を見出していた。1966年に彼は、エドワード・T・ホールが空間の意味合いについて精神人類学の観点からの追究を記した『かくれた次元』を書評した[11]。ホールはこの著作で近接学[2]の理論と「個人の空間」の概念を展開させており、ノイトラがこの書評を依頼されたという事実からも、彼が環境心理学の展開上ある役割を担ったことが裏づけられる。彼はこの長いエッセーをフロイトの事務所、彼の机と寝椅子の考察から始めた。ノイトラはフロイトの美術品コレクションを詳細に説明したのだが、彼が最も興味を持ったのはこの部屋には横たわる動作がずいぶんと見られることであった。「彼が机の前で"横たわった"のには驚いた。というのは今まで人が書き物机の前で横たわるのを見たことがなかったからだ」。ノイトラが興味を持ったのはこの設計の意味合いではなく、これがもたらした効果であった。ノイトラにとって寝椅子療法は、視

▶2 proxemics（プロクセミックス）：人間のコミュニケーション研究の一分野で、空間的な距離が人との関係に及ぼす影響を扱う。1960年代に、アメリカの文化人類学者エドワード・T・ホールによって始められた

覚上のあるいは認識上の現象というよりは、環境にかかわる現象であった。フロイトは患者たちに、重力場の変化により〈自由連想〉が容易となるという理由から、「心身相関の重苦しさの限界にまで最小化された空間に何年も横たわらせていた[12]」。1956年という早い時期にノイトラが心理学的空間（psychological space）として描写したものは、ホールの近接学による文化的に決定づけられた特性というよりは、むしろ感情の状態であった。すなわち心理学的空間それ自体には治療効果はないものの、ノイトラが「ムード」と呼ぶ治療効果が得られるようなものをもたらしたのだった[13]。

ノイトラとバンハムは、どちらが分析医になるか、そしてどちらの大げさな症候の方が分析を必要とするかを互いに張り合っていたのだが、実際彼らは奇妙なことに仲間同士であった。1960年代までにノイトラは彼にとっての、例えばギーディオンのような戦前の英雄たち、あるいはゼヴィのような戦後の味方と比べても、バンハムとの共通点の方が多かった。バンハムが1969年の『環境としての建築』の中で、建築現象の論考を通してラスベガスを「いかなる重要な目に見える構造物もない、明かりに定義づけられた環境」として、ドライブイン映画館を「光と音に定義づけられた空間内の移動可能な環境構造物の集合体」として、またNASAの宇宙服さえ、人工装具による環境の典型として取り上げることで、彼はノイトラと同じように、建築を雰囲気の創造と定義していたのだった[14]。バンハムはどちらかというと、彼が最終的には人類生態学と呼ぶようになる、建築空間そのものの伝統的な概念への技術と大衆文化の侵入に関心があった。他方ノイトラはどちらかというと、私がムードと呼んできた、建築空間への精神エネルギーと多様な感情に満ちた状態の侵入に関心があった。しかしふたりとも、このような公害のかたちから、環境としての建築という理論を導き出したのである。

バンハムの環境をテーマとする著作には、学術的な環境設計にもそ

の自然主義や行動修正に対する信条との関連は特にないのだが、ノイトラの作品をこの考えに関連づけ、同時にこれと区別する試みは必要である。環境の設計（design of environment）は、のちに環境デザイン（environmental design）となったものとは異なり、この違いにこそノイトラを通していくつか他の連続性の意外なかたちを展開させる可能性が見出せる。現代性や消費文化の「喜び」に対するノイトラの関心は、現代の生き方の設計を解釈するのにも有効である。今までとは桁違いの状態を、全体論的な多様体へと統合する手段として建築を理解することは、近年のデータスケープ領域での研究やアニメイト・フォルム理論▶3の、環境分野の系譜との繋がりを示唆する★15。今日の実務上、中でも説得力のある側面のひとつとなるのは、観念上のわかりやすさではなく、感情的なムードや雰囲気への配慮である。つまり、これらの発展のいずれも環境デザインの起源として打ち出されることはないだろうが、精神分析に関係づけられることについてはさして異論はないだろう。過去20年間建築の分野で使われてきた「批評性（criticality）」という言葉は多くの場合、精神分析手段と同義である。1960年代までにノイトラの関心は、建築を技術面から分析する視点を開発することよりも、フロイトが「純粋な心理学を放棄した」ことを証明することの方に傾いており、しかも現在の「批評的な」建築家たちは決して進んでは、彼らの手段をノイトラの治癒目的になぞらえるようなことはしないのだが、もはや精神分析文化の建築に及ぼす影響からは後戻りできない状況にまでなっていた★16。

　この領域は、精神分析においてますます熟してきた。つまり分析医は理論家であり、歴史家は分析医であり、さらに建築家は今まで以上に精神分析を受けるようになってきている。今日の厳格な基準のもとでは、ノイトラの興味が素人じみていたということの方が注目され、彼が異常に早い時期から精神分析に興味を持っていたということは、たいして重要でなくなる。しかし、これらの新しい基準のもとでは、

▶3 animate form：アメリカの建築家・理論家グレッグ・リン（Greg Lynn）の著書より名を得る理論。その位置する環境を反映した特徴とする建築を、コンピュータを用いて設計する。建築を多様体とみなし、その形態の進化及びこれをかたちづくる力に焦点を当て、動的な秩序へと組み込む考え方

ノイトラは常に十分精神分析に踏み込んでいないと非難され続けてきたので、最近のミッドセンチュリー住宅への私たちの愛着の理解が深まることはほとんどない。例えば、1954年の『生き抜くデザイン(Survival through Design)』の書評では、「無意識とこれが生活の感情面の充足感に及ぼす役割——すなわち精神分析には著者が強調するのとは全く異なる次元の価値をもたらす可能性がある」ことを見逃していると、苦言が呈されている★17。これらの歴史的かつ今日的でもある厳しさの中で見逃されているのは、環境デザインの本質は感情溢れるゆったりした環境の中で生み出されたものであり、決して精神分析の技術用語から発生したのではなかったということである。様々な考え方に対するノイトラの関心が広範にわたったがゆえ、近代主義の心理学と建築学両方の治療に及ぶ空想はしぼんでしまった。彼が何と主張しようとも、あるいは望もうとも、彼の設計する家には治癒効果も矯正効果もなかった。家は神経不安を取り除き、『生き抜くデザイン』の評者が「意識の究極の無秩序(エントロピー)」と呼んだものを生み出すはずであったが、無残にも失敗に終わっている★18。ノイトラの建築は精神を鈍化させるのではなく、代わりにムードを創り出すのである。だからこそ、私たちは今日これを好む。1950年代以来、ますます心理学と深くかかわるようになった文化は、つきまとう無数の障害を治癒するものであれば何でもすべてを手に入れたがった。建築のムード感を弱めようとする試みは、環境から危うくデザインをまるごと取り除きかねないところにまで達しており、そうなるとたいがいは当たり障りのない心地よさしか残らない。しかし建築家の中でも最もムード感に満ちたノイトラへの今日の関心の高まりを見ると、建築とそのデザインは治療を生き抜き、再び新しい感情豊かな環境を創り出すことができるようになっていることが明らかである。だからこそ、ノイトラによるこれらの家は、近代的であるだけでなく、むしろ私たちの時代に寄り添うのである。

第8章 注

★1 Russell Lynes, "The American at Home," *Second Treasury of Contemporary Houses*（New York: F. W. Dodge, 1959）, 2所収。
★2 重要だが概説的な研究であるEsther McCoy, *Five California Architects*（New York: Reinhold, 1960）を参照。
★3 海外からノイトラを見る視点については、下記で追究されている。Jean-Louis Cohen, *Scenes of the World to Come: European Architecture and the American Challenge, 1893-1960*（Paris: Flammarion, 1995）。ノイトラ自身の国際的な業績は今までほとんど注目されてこなかった。
★4 ハッカー財団での講演の中でノイトラは、「もちろん、建築家がみな精神科医と共同で仕事をするようになれば、最高である。顧客たちにまだそのための資金の余裕があるかは知らないが、まずは健康になることである。あなたの経歴を、もちろん幼児期をも含めてちゃんと分析すれば健康になれる。建築家は誰よりも、精神分析の必要性を心得ている。決して冗談を言っているのではなく、実際私自身も必要としている。実際慈善事業として、子供のガイダンス診療所を完成させたばかりだ（私の長男がここに通わなければならなかった）。誰もが精神分析を必要としている。家を建てる前には、なおさらである。Neutra, "The Creative Process in Architecture," 6-7, ノイトラ・アーカイブ所蔵。
★5 同上。
★6 この学術分野における立役者による、環境心理学と設計の行方についての論考の一例として、Clare Cooper Marcus, *House as a Mirror of Self: Exploring the Deeper Meaning of Home*（Berkeley: Conari Press, 1995）を挙げる。
★7 ゲーリーとウェックスラーについての議論は、Calvin Tomkins "The Maverick" *New Yorker*, 1997年7月7日号を参照。アイゼンマンの「グラウンド（ground）」プロジェクトのうち、最も重要なのがベネチアのカナレジオに計画した作品である（訳注：住宅コンペ作品カナレジオ・タウンスクエア（1978）を指す。土地の歴史として、以前ここにル・コルビュジエによって計画されたベネチア病院の足跡のグリッドを地面の穴として表現し、ここにオブジェを建てた）。これについてアイゼンマンは、「私の作品の文脈において重要なプロジェクトであった……ちょうどこの時期に私が行っていた心理学の研究が私自身の基礎を確立（ground）し始めていた——古くさい形式主義やコンテクスト理論にとらわれる（grounded）ことなく、新たな方法で土地（ground）に取り組むことができるように。ベルリン（訳注：ベルリン集合住宅（1982-86）を指す）やウェクスナー（訳注：オハイオ州立大学ウェックスナー視覚芸術センター（1983-89）を指す）のような、ひとつひとつのプロジェクトを振り返って見ると、心理学研究の影響の大きさに気づく」と言う。
★8 Suzanne Frank, *Peter Eisenman's House VI, the Client's Response*（New York: Whitney Library of Design, 1994）, 31でロバート・グートマンは例えば、「ハウスVIは、素人からすれば気味悪い環境に映るであろう」と主張した。
★9 多すぎる格子の組み合わせが、特に高齢者にめまいを引き起こしていた。絨毯の格子状の

模様が特に心の平静を乱したため、絨毯は取り替えられた。
- ★10 Reyner Bahnam, "History and Psychiatry," *Architectural Review* 127 (May 1960), 325-332。
- ★11 Edward T. Hall, *The Hidden Dimension* (Garden City, New York: Doubleday, 1966)。書評の原稿がノイトラ・アーカイブに所蔵されており、別の版が*Landscape Architecture* 57, no. 1 (October 1966), 74-75にも刊行されているが、アーカイブ所蔵版を参照した（邦訳：エドワード・T・ホール著、日高敏隆・佐藤信行訳『かくれた次元』みすず書房、2000）。
- ★12 Richard Neutra, *Hidden Dimension*の書評、ノイトラ・アーカイブ所蔵。
- ★13 Lois Hoffman, "An Architect Prescribes for You," *Medical Economics* (August 1956), ll4, 118。
- ★14 Reyner Banham, *The Architecture of the Well-Tempered Environment* (Chicago: University of Chicago Press, 1969)（邦訳：レイナー・バンハム著、堀江悟郎訳『環境としての建築 建築デザインと環境技術』鹿島出版会、1981）。
- ★15 例えば、ウィニー・マース（Winny Maas）とMVRDV、UNスタジオ（Unstudio）、グレッグ・リン（Greg Lynn）、ジェシー・ライザー（Jesse Reiser）及びプレストン・スコット・コーエン（Preston Scott Cohen）らの作品を参照。
- ★16 Neutra, Ideas, 1960年2月19日、ノイトラ・アーカイブ所蔵を参照。
- ★17 Talbot Hamlin, "The Making of Environment," *Survival through Design*の書評、*New York Times*、1954年2月21日付。
- ★18 ハムリンは、ノイトラが過度に治療に傾倒していることを心配した。『生き抜くデザイン』の書評でハムリンは、「彼にとって設計の目的は（私の解釈や理解が間違っていなければ）精神と身体の緊張を和らげる——意識の究極的な無秩序に至らしめる——効果のあるものを生み出すことであった」。Hamlin, "The Making of Environment" より。

訳者あとがき

さんさんと照りつけるカリフォルニアの太陽のもとで光り輝く白い箱。このような先入観とともに本書を手にしたのであるが、まずは建築家ノイトラの出身地、雪深い19世紀末のウィーンへと導かれる。ここで明らかにされるフロイトとの親交が、本書を貫く鍵のひとつとなる。

著者は、モダニズム建築の厳然たる芸術性の陰に追いやられがちな設計に伴う心の綾、すなわち人間くささを読み解こうとする。心理学並びに精神分析の観点から、設計過程に鋭く切り込むことによって、世に渦巻く様々な感情や欲望を建物として具現化したノイトラの手腕を描き出す。

ノイトラの独自性は、フロイトの精神分析の手法と当時の仲間が確立した家を母胎に例える概念とが融合し、生み出された。米国に移り、精神分析が身近となった時代の申し子のような、ひとくせあるクライアントたちから住宅設計の依頼を受けたノイトラは、あたかも人生相談に耳を貸す精神分析医のように対応するのであった。彼らの〈感情移入〉の対象として創られた、内と外との境界があいまいな家の空間は生温かく、湿度も高く、ほんのり色づいた雰囲気に満たされている。

一方、「選択されたデザイン」という考えのもとで建築家の仕事を役者や演出家に例えたバンハムに倣い、戦後建築界におけるノイトラの配役が論じられる。もはやノイトラの家は冷たく硬質なモダニズム空間ではなく、多彩な俳優たちが演じる豊かな演劇空間と化した。写真家シュルマンも加勢したことで、ますます反響を呼ぶようになる。

大衆に迎合しただけでなく、建築に感情を持ち込み、モダニズムを汚染したと非難されながらも、ノイトラは環境デザインという領域にいち早く踏み出していた。多様な要素が緻密に織り込まれた環境ゆえに、これらの作品は時を超えて私たちを魅惑し続けるのである。

鹿島出版会の久保田昭子氏と川尻大介氏のおかげで、読みやすく美しい本となった。翻訳を勧めていただいた鹿島建設の宮下和典氏に感謝したい。

2010年初春　金出ミチル

FIGURE CREDITS

図版出典

図2, 4, 8, 12, 15, 17, 21, 24, 26-27, 31-36
ジュリアス・シュルマン撮影
© J. Paul Getty Trust. Used with permission.
Julius Shulman Photography Archive,
Research Library at the Getty Research Institute

図13-14, 20, 22-23, 25, 30
建築家ダイオン・ノイトラ所蔵及びカリフォルニア大学ロサンゼルス校(UCLA)、
チャールズ・E・ヤング研究図書館(Charles E. Young Research Library)、
リチャード・J・ノイトラ・アーカイブ特別コレクション
(Richard J. Neutra Papers, Department of Special Collections)所蔵

図16, 18
ヴィルヘルム・ライヒ博物館(The Wilhelm Reich Museum)所蔵

図29
クリスタル・カテドラル・アーカイブ(Crystal Cathedral Archive)所蔵

INDEX

索引

★あ
「アーキテクチュラル・レコード」誌　Architectural Record　15-16
アイゼンマン、ピーター　Eisenman, Peter　219-221
アメリカ建築　30-32, 94-95, 105, 115, 134
　　→アメリカ合衆国　も見よ
アメリカ合衆国　38, 42, 55, 120
　　――ノイトラと　31-32, 34, 103-104
　　――精神分析の反響　38, 42, 55-57, 88, 104
アリゾナ州　133
アレキサンダー、ロバート　Alexander, Robert　185
イームズ、レイとチャールズ　Eames, Ray and Charles　18
『生き抜くデザイン』　Survival through Design　33, 41, 134, 149, 162, 224
　　――ハムリンによる書評　224
イメージアビリティ　207-208
　　→リンチ、ケヴィン　も見よ
インターナショナル・スタイル　29-31, 36, 97, 103, 127, 129, 203
　　――展覧会　29
ウィーン　34, 49, 57, 88, 122
　　→フロイト、ジークムント　も見よ
　　――シュタインホッフ精神病院　Am Steinhof psychiatric hospital　50-52, **51**, 55
　　――フールズタワー精神病院　Fool's Tower　49-50, **50**, 53-55
　　――工科大学　Technische Hochschule　34
ヴィッシャー、ロベルト　Vischer, Robert　64-65
ウィトルウィウス・ポリオ、マルクス　Vitruvius Pollio, Marcus　16, 161

ウィニコット、D. W　Winnicott, D.W.　54-55
　　——と抱える環境　54-55
ウェクスラー、ミルトン　Wexler, Milton　219
ヴェルフリン、ハインリッヒ　Wölfflin, Heinrich　63-64, 115-116
　　——と形態心理学　63-64
ヴォリンガー、ヴィルヘルム　Worringer, Wilhelm　64-65
ヴント、ヴィルヘルム　Wundt, Wilhelm　60, 62-67, 117
　　——『生理学的心理学綱要』 *Principles of Physiological Psychology*　62
エルウッド、クレイグ　Ellwood, Craig　158
オーデン、Auden, W. H.　26
オーハイ、カリフォルニア州　123, 160, 163
オルゴノン　Orgonon　121
オルゴンエネルギー　Orgone energy　121, 128, 131, 136
オルゴンボックス／集積器　Orgone Box　121-123, **122**, 126-128, 135

★か
カーソン、レイチェル　Carson, Rachel　184
　　——『沈黙の春』 *The Silent Spring*　185
ガーデングローブ・コミュニティー教会　Garden Grove Community Church　36, 41, **146**, **186**, **191**, **193**, **194**, **195**, **200**, 200-201
　　——の設計　185-199
　　——希望の塔　Tower of Hope　187, 199
カウフマン、エドガー　Kaufmann, Edgar　163
カウフマン邸　16-17, **17**, 31, **31**, 99-100, 104, 128, 162-163, 203-204
　　→写真：建築写真、シュルマン　も見よ
鏡　73, 132, 159
カメラ（建築における視覚モデルとして）　161-162
ガラス（建築での使用）　40, 71, 94-97, 98-99, 105, 114, 125, 131, 153-155, 171-172, 192, 206-207
ガラスの家の類型　94-95, 131, 153-155, 160, 207
カリフォルニア　94, 122
環境　13, 100, 130-131, 132-134, 145, 147, 160, 184-185, 221
　　→多様体　も見よ
　　——『環境としての建築』 *Architecture of the Well-Tempered Environment*　222
　　　　→バンハム、レイナー　も見よ
　　——環境の設計　13, 56, 157, 164, 183, 184, 206
　　——療法としての環境設計　74, 116-117, 160
　　——抱える環境　54

　　　　→ウィニコット、D.W も見よ
　　──環境対空間　　13, 14, 119, 130, 181
環境（雰囲気ある）／雰囲気　　129, 158, 160, 180
環境心理学　　41, 56, 218
　　──教育課程　　13, 200-201, 218, 222
　　　　→マサチューセッツ工科大学 も見よ
環境デザイン　　13
　　──教育課程　　13
　　──におけるノイトラの役割　　200-201
感情移入　　59／41, 59-68
　　──芸術と建築理論における　　59-68
　　──建築家と顧客との間の　　67-68, 71
　　　　→パーキンズ、コンスタンス も見よ
　　──精神分析理論における　　59, 65-67
感情転移の対象物（としての家）　　81-83, 93, 105, 114
ギーディオン、ジークフリード　Giedion, Sigfried　　15, 28, 31, 36-37, 38, 116, 118, 155-156
　　──『現代建築の十年』 A Decade of Contemporary Architecture　　15
　　──『新建築の十年』 A Decade of New Architecture　　15
　　──『空間・時間・建築』 Space, Time and Architecture　　28, 116
気候と設計　　97, 128-129, 133-134
記念性　　14
偽装　　54, 103-105
　　→透明性 も見よ
　　──精神医学または療法のための設計要素として　　52, 54
キューバ　　217
近接学　　221-222
空間
　　──の理論　　37-38, 64-65, 72, 92, 117
　　──と不安　　65, 91, 97, 100, 132-133
　　──モダニズムの　　132-133, 160
　　──精神分析理論における　　37-38
グッドマン邸　Goodman house　　**20**
クリシュナムルティ、ジッドゥ　Krishnamurti, Jiddu　　123, 160, 163-164
グロピウス、ヴァルター　Gropius, Walter　　28
ケーススタディハウス　　14, 217
ゲーリー、フランク　Gehry, Frank　　219-221
景観　　57, 94-95, 136, 149, 157-160, 169

形態心理学　　37, 67, 70, 91, 115
現代　　15-17, 19, 21, 27, 162-164
　　──と現代性　　15-17, 19, 21, 181, 223
　　──とムーア邸　　163
　　──とパーキンズ邸　　71-72
『現代住宅総覧』 *A Treasury of Contemporary Houses*　　15
建築家
　　──分析医／療法士としての　　70, 82-85, 94, 104, 114, 135, 218
　　　　→ノイトラ、リチャード：分析医／療法士としての自己像　も見よ
　　──被分析者／患者としての　　219-221
コニーアイランド　Coney Island　　182
国家精神保健法　National Health Act　　56
コンディヤック、エティエンヌ・ボノ・ドゥ　Condillac, Étienne Bonnot de　　62

★さ
砂漠　　133-134
　　──とライヒ　　121, 133
シカゴ　　156
自然主義　　136-137, 155-157, 167
　　──と公害　　184-185
ジッテ、カミロ　Sitte, Camillo　　65
自動車（と設計）　　187-188, 196-198, 205
写真　　161, 162
　　──建築写真　　99, 104, 132, 204, 208
収集（と住宅建築）　　164-167, 170
出生時トラウマ　　94, 96, 100, 104-105, 119
　　→ランク、オットー　も見よ
シュマルゾー、アウグスト　Schmarsow, August　　64, 65
シュラー、ロバート　Schuller, Robert　　185-186, 188-194
　　→ガーデングローブ・コミュニティー教会　も見よ
　　──素人の精神分析医として　　199
シュルマン、ジュリアス　Shulman, Julius　　99, 131, 204, 208
　　→建築写真　も見よ
消費文化（建築への影響）　　14, 16, 19, 114, 151, 223
　　──と収集　　166-168
　　──と精神分析　　135
ジョンソン、フィリップ　Johnson, Philip　　29, 130, 158, 206
　　──ガラスの家　Glass House　　158, 206

シングルトン邸　Singleton house　　**220**
シンドラー、ルドルフ　Schindler, Rudolph　　28, 33
スウィーツ・カタログ　Sweet's Catalogue　　30, 32
スターンバーグ邸、ジョセフ・フォン　Sternberg house, Joseph von　　129
スパイダー・レッグ型張り出し　　41, 73, 100-101, 103-105, 114, 125, 131, 167, 171
　　→隅部のデザイン　も見よ
　　──の影響　　100, 219
　　──とランクの出生時トラウマの理論　　100
スミソン、ピーターとアリソン　Smithson, Peter and Alison　　138（第5章★7）
隅部（のデザイン）　　73, 100-101, 105, 114, 125, 127, 131, 153, 164, 170
　　──モダニズム建築における　　127
『生活とかたち』　Life and Shape　　132
精神病院（サナトリウム）の設計　　49-52, 54, 81, 103-104, 116
精神分析文化と時代
　　──定義　　38-43, 56, 67-68
　　──のアメリカでの展開　　55-59
　　──と家庭空間　　57-58, 83, 103-105
　　　　→精神分析医診療所（の設計）　も見よ
　　──とランク　　88
精神分析医診療所（の設計）　　53-55, 57, 76（第3章★17）, 71, 135
　　──と家庭空間　　54, 57, 71, 74, 81
精神分析協会　Psychoanalytic Society　　88
ゼヴィ、ブルーノ　Zevi, Bruno　　28, 36, 38, 39, 222
ゾラ、エミール　Zola, Emile　　154
ソリアーノ、ラファエル　Soriano, Raphael　　158

★た
大衆志向　　182
第二次世界大戦　　14, 38, 56, 134-135, 184, 202-204
「タイム」誌　Time　　82, **89**, 95
多様体　　148-149, 157-158, 164
地方主義と新地方主義　　32, 155-156
チューイー、ロバートとジョセフィーン　Chuey, Robert and Josephine　　123, 125-127
　　──ノイトラに依頼　　123
チューイー邸　　41, 123-127, **124**, 154, 158
造り付け家具　　18, 166-167, 170
デュッセルドルフ劇場　　197
テレビ　　19, 27, 57

――設計への影響　19, 21, 27, 198-199, 205
透明性　72, 74, 97, 103, 120, 131, 155, 203
　→偽装　も見よ
　――精神医学または療法のための設計要素として　50, 52
ドゥルーズ、ジル　Deleuze, Gilles　12, 24（第1章★16）, 176（第6章★4）
トレメイン邸　Tremaine house　36, 113

★な

長崎（日本）　184
ニーマイヤー、オスカー　Niemeyer, Oscar　32
ネズビット邸　Nesbitt house　137
ネルソン、ジョージ　Nelson, George　27
ノイトラ、ダイオン　Neutra, Dion　185
ノイトラ、ディオーン　Neutra, Dione　160-161
ノイトラ、リチャード　Neutra, Richard
　――精神分析における　56-57
　――とフロイト　34-35, 53, 56
　――経歴　27-34, 35
　――分析医／療法士としての自己像　71, 81-83, 85, 93, 113-114
　――理論家として　32-33, 181-184
　――顧客との実務上の関係　81-87, 93, 104-105
ノール、フローレンス　Knoll, Florence　18

★は

パーキンズ、コンスタンス　Perkins, Constance　68, 70-73, 85, 90, 105, 113, 126
　――ノイトラとの関係　70-71, 81, 83
　　→感情移入　も見よ
パーキンズ邸　68-74, **69**, **73**, 83, 113-114, 154, 158, 197
　――「現代的な」設計の事例として　71
バイオ・リアリズム　Bio-realism　136
ハインズ、トーマス・S　Hines, Thomas S.　19, 188
パキスタン　217
ハッカー財団　Hacker Foundation　57
ハッピーヴァリー学校　Happy Valley School　163
　→オーハイ　も見よ
ハッピーヴァリー財団　Happy Valley Foundation　160
ハマーマン邸　Hammerman house　103
ハムリン、タルボット　Hamlin, Talbot　226（第8章★17）

ハンバード、レックス　Humbard, Rex　　189
　　──カルヴァリー教会　Calvary Temple　　189
　　──カテドラル・オブ・トゥモロー　Cathedral of Tomorrow　　189-190
バンハム、レイナー　Reynar Banham　　18-19, 36, 38, 166, 183, 202, 221-222
　　──『環境としての建築』 Architecture of the Well-Tempered Environment　　222
　　──『選択によるデザイン』 Design by Choice　　19, 166
ピクチュアレスク　　22（第1章★3）
びっくりハウス　　182
ヒッチコック、ヘンリー＝ラッセル　Hitchcock, Henry-Russell　　28-30, 130
　　──『近代建築 ロマン主義と復興』 Modern Architecture: Romanticism and Reintegration　　28
ビバリーヒルズ　　103
広島（日本）　　184
広場恐怖症　　65
　→空間（の理論）、空間（と不安） も見よ
ファーンズワース、イーディス　Farnsworth, Edith　　206
　→ミース・ファン・デル・ローエ、ルートヴィッヒ：ファーンズワース邸 も見よ
プエルトリコ　　217
不思議の館　　181-182, 219
フランプトン、ケネス　Frampton, Kenneth　　29, 36
　　──『現代建築史』 Modern Architecture: A Critical History　　29
フロイト、エルンスト　Freud, Ernst　　35, 53
フロイト、ジークムント　Freud, Sigmund　　34-35, 39, 53-58, 63, 66, 73, 86-88, 94-95, 117-121, 145, 149, 156, 181, 223
　　──建築に対する姿勢　　53-55, 145, 149
　　──ベルクガッセの　　35, 53-54, 221
　　──『文明とそれの不安』 Civilization and its Discontents　　80
　　──『機知 その無意識との関係』 Jokes and Their Relation to the Unconscious　　66
　　──とリビドー　　118-121
　　──『日常生活の精神病理学』 Psychopathology of Everyday Life　　35
ペヴスナー、ニコラウス　Pevsner, Nikolaus　　182
ベネヴォロ・レオナード　Benevolo, Leonardo　　32-33, 36
ホール、エドワード・T　Hall, Edward T.　　221-222
　　──『かくれた次元』 Hidden Dimension　　221
ボストン　　201
母親と母性（設計条件としての）　　33, 57-58, 92-94, 97, 125, 146-149, 155, 164

★ま

マサチューセッツ工科大学　Massachusetts Institute of Technology　200, 218
　→環境心理学　も見よ
窓　94-97, 103, 127, 130-134, 136, 153-155, 158-159, 205
　→隅部（のデザイン）、ガラス（建築での使用）、窓壁　も見よ
　——モダニズム建築における　130-132, 181
　——操作性　155, 171, 208
　——療法としての　181
窓（見晴らし窓）　94-97, 197, 205
窓壁　130-131, 136, 154
　→ガラス（建築での使用）、ル・コルビュジエ、透明性　も見よ
マリネッティ、フィリッポ・トンマーゾ　Marinetti, Filippo Tommaso　187
ミース・ファン・デル・ローエ、ルートヴィッヒ　Mies van der Rohe, Ludwig　28-29, 33, 130, 153-155, 206
　——ファーンズワース邸　Farnsworth house　130, 158, 206
　——テューゲントハット邸　Tugendhat house　130
水（設計要素として）　101-103, 129, 131, 171
ミラー、ハーマン　Miller, Herman　18
ムーア、オーリーン　Moore, Orline　123, 173-174
ムーア邸　**153**, 159, **159**, 162-163, 173, 185, 197, **203**
　——設計の発展　164-175
ムード（雰囲気）　14-15, 42, 72, 151, 159, 161, 171-174
無意識　14, 34, 36, 54, 104
　——と設計の影響　59
メニンガー、カール　Menninger, Karl　57
メンデルゾーン、エリッヒ　Mendelsohn, Erich　60

★や

ユング派精神分析　Jungian analysis　219
喜び（建築の）　115-116, 137, 151, 173, 174
　——療法として　115, 117, 134, 173

★ら

ライト、フランク・ロイド　Wright, Frank Lloyd　18, 32, 99, 153, 155-156, 197
　——グッゲンハイム美術館　Guggenheim Museum　156
　——プレーリーハウス　Prairie Houses　156
ライヒ、ヴィルヘルム　Reich, Wilhelm　120-122, 131, 133-136, **133**, 145
　——雲破壊装置　**133**, 133-134

──オルゴン集積器　121-123, **122**, 126-128, 135
ラスベガス　222
ラッシュ・シティー再開発　Rush City Reformed　30
ランク、オットー　Rank, Otto　41, 87-96, 104, 120
　──ノイトラと　87-88
　──と昆虫（スパイダー）　100
　──出生時トラウマの理論　90-92, 94, 119
　──『出生時のトラウマ』　The Trauma of Birth　88
リアリー、ティモシー　Leary, Timothy　123
リーグル、アロイス　Riegl, Alois　65, 107（第4章★23）
リースマン、デイヴィッド　Riesman, David　82, 185
　──『孤独な群衆』　The Lonely Crowd　82
リップス、セアドア　Lipps, Theodor　63
リビドー　117, 121, 145, 181
リンチ、ケヴィン　Lynch, Kevin　200-203, 207-208, 218, 220
　→イメージアビリティ　も見よ
　──『都市のイメージ』　Image of the City　200
リンドン、メイナードとドンリン　Lyndon, Maynard and Donlyn　22（第1章★5）
ル・コルビュジエ　Le Corbusier　18, 28, 29, 93, 130-131, 153-155, 187, 205
　→窓、窓壁　も見よ
レヴィ＝ストロース、クロード　Lévi-Strauss, Claude　148
ロヴェル、リアとフィリップ　Lovell, Leah and Philip　123
ロヴェル邸　29-30, **30**, 36, 71, 135, 203-204
ローガー、ジェームズとオリーヴ　Logar, James and Olive　123
ローガー邸　158
ローク、ベティー　Rourke, Betty　95
ローク邸　41, 95-100, **101**, **102**, 186
ロース、アドルフ　Loos, Adolf　32, 34, 88, 158
　──『ラウムプラン』　Raumplan　158
ロサンゼルス　55, 57, 74, 76（第3章★17）, 201-202, 217
ロック、ジョン　Locke, John　62

★わ

ワーグナー、オットー　Wagner, Otto　34, 50, 88
　──シュタインホフ　Am Steinhof　50-53, **51**

リチャード・ジョセフ・ノイトラ　Richard Joseph Neutra

1892年にウィーンのユダヤ人の家系に生まれる。ウィーン工科大学にてA・ロースのもとで建築を学び、O・ワーグナーの作品と著作からは強い影響を受けた。その後、E・メンデルゾーンの事務所で実務に携わる。この時期には、フロイト家とも交流があった。1923年にアメリカへ移住、ニューヨーク、シカゴを経て、タリアセンのF・L・ライトのもとで働いたのち、1926年に友人のR・シンドラーを頼ってロサンゼルスへ移り、独自に設計をはじめる。初期の代表作に芸術性と環境性能を融合させた「健康住宅」ロヴェル邸（1929）などがあり、1932年にはMOMAでの「インターナショナル・スタイル」展に出展。第二次世界大戦後は米国初の鉄骨構造住宅としても名高いカウフマン邸（1946）をはじめ、数多くの実験的な住宅を設計するかたわら、ケーススタディハウスにも参加した。クライアントへの細かなヒアリングにもとづく設計姿勢によっても知られる。1970年に自作ケンパー邸（1967）を訪問中、ドイツ・ヴッパータールで客死。

著者
シルヴィア・レイヴィン　Sylvia Lavin

建築評論家。UCLA都市・建築学部教授、批評論担当及び大学院プログラム長。1996-2006年、UCLA都市・建築学部長、建築史・理論担当教授。現代建築に関する歴史・理論研究及び批評の第一人者である。米国に加え世界中の主要な大学建築プログラムで講義・講演をこなし、エッセーは先鋭的な建築デザイン雑誌に掲載されている。数々の国際的な建築コンペに審査員としても参加し、建築界に影響を及ぼしている。主な著作に『Quatremère de Quincy and the Invention of a Modern Language of Architecture』(The MIT Press, 1992)、編著に『Crib Sheets』(Monacelli, 2005) など。

訳者
金出ミチル　Michiru Kanade

建築修復家。東京大学工学部建築学科卒業、コロンビア大学建築大学院歴史保存学部修士課程修了、博士（工学）。1995-2006年、財団法人文化財建造物保存技術協会に勤務、歴史的建造物の修復現場や町並み保存の実務に携わる。現在、東京理科大学非常勤講師及び長岡造形大学非常勤講師。著訳書に『修復　まちの歴史ある建物を活かす技術』（木村勉と共著、理工学社、2001）、『ジェームズ・マーストン・フィッチ論評選集』（翻訳、鹿島出版会、2008）など。

形態は欲望に従う
リビドー
精神分析時代とリチャード・ノイトラ

2010年2月25日　第1刷発行Ⓒ

訳者　　　金出ミチル
発行者　　鹿島光一
発行所　　鹿島出版会
　　　　　〒104-0028　東京都中央区八重洲2-5-14
　　　　　電話 03-6202-5200
　　　　　振替 00160-2-180883

造本・装幀　伊藤滋章

印刷　　　三美印刷

製本　　　牧製本

ISBN 978-4-306-04542-2 C3052
Printed in Japan
無断転載を禁じます。落丁・乱丁本はお取替え致します。

本書の内容に関するご意見・ご感想は下記までお寄せ下さい。
mail：info@kajima-publishing.co.jp
URL：http://www.kajima-publishing.co.jp